保育・教育 実践テキストシリーズ

教育原理

保育実践への教育学的アプローチ

広田照幸・塩崎美穂／編著

樹村房
JUSONBO

はじめに

　教育という営みは，簡単に見えて，実は奥が深い。教育への情熱や元気さをもっていたら，だれでもうまく教育者としてふるまえそうな気がするけれど，現実の教育はなかなかそんなに簡単ではない。

　自分が身につけたノウハウでやってみてうまくいかないと，ついそれを，「子どものせい」にしてしまいがちである。また，教育を取り巻く環境や条件の変化に気づかないでいると，「教育がうまくいかないのは，時代が悪くなったせいだ」と考えがちである。

　しかし，教育を原理的に深く理解することで，教育の難しさを，子どもや時代に責任を押しつけるのではなく，もっと別の見方ができるようになるかもしれない。

　教育の原理レベルの議論は，「こうすればうまくいく」という知識は少ない。むしろ，「教育はこんなに難しい」とか，「教育はこんなに複雑だ」という議論が多い。その「難しさ」や「複雑さ」を知ることこそが，奥の深い教育をやっていくときに必要なのだ，と私たちは考えている。

　本書は，保育者（保育士・幼稚園教諭）をめざす学生たちを主要な読者として想定し，教育の基本的な原理をやさしく説明することをねらって編まれている。教育学に関わる部分と，保育に関わる部分がともに入っているのは，学生たちに，その両方にまたがる知の基盤を形成してほしいと考えたからである。

　各章の本文は，できるだけ学生自身が独りで読み通してもらえるように，「筋」のついた議論を展開する，という工夫をした。各章をそれぞれの学生自身が予習・復習などで，ていねいに読んでみてもらいたい。そして，読みながらいろいろ考えてほしい。「単語や事項を覚えるため」の教科書ではなく，「読んで考える」本にしたいと考えたのである。

　もちろん，「教育原理」として学ばれるべき必要な事項はたくさんあるから，本文の記述の中で触れるようにしたが，それだけでは十分にはカバーできない。

それらについては各ページの注に，できるだけ盛り込んだ．また，巻末に文献リストと参考図書案内をつけて，さらに深く学ぶための手がかりとしてもらうことにした．体系的・発展的な学習をしていくために，それらを活用していただきたい．

　本書をテキストとして授業をされる先生方は，どうか柔軟に本書を使いこなしてほしい．本文の部分を授業の本筋にしてくださってもよい．本文に沿って丁寧な解説を加えながら講義していただければ，各章の議論は多面的に広げていくことができるはずである．また，各先生方が作られた講義の枠組みの中で，適宜本書の本文の議論や注の説明に触れていただくやり方もありうるだろう．あるいは，講義と並行して，各章の内容について学生間で議論をさせたり，グループや個人で章末の課題に取り組ませたりするようなやり方もあるだろう．

　いずれのやり方をとるにせよ，上記のような考え方で編まれた本書を生かすためには，授業に先立って学生自身が独力で読んでくるべきことを，各先生方はどうか学生に指示してほしい．

　教育には，「正しい答え」のない問題が多い．原理的にも実践的にもそうである．教育や保育について，単に学生に何かを覚え込ませるだけの学習ではなく，それぞれの学生に深く考えさせる契機として，本書を使いこなしていただければ，と願っている．

　　平成22年2月

　　　　　　　　　　　　　　　　　　　　編著者　広田　照幸
　　　　　　　　　　　　　　　　　　　　　　　　塩崎　美穂

教育原理
保育実践への教育学的アプローチ

もくじ

はじめに i

1章 教育とは何か …………………………………………… 1
　1．公園の杭　1
　2．教育とは何か　2
　3．教育の権力性と教育批判　4
　4．人間観・社会観　6
　5．無責任と独善をこえるために　8
　6．教育の限界　9

2章 教育の目的 ……………………………………………… 11
　1．「子どもにとって不可欠なこと」から考える　11
　2．身体的・精神的に発達する子ども　12
　3．関係の中で育つ子ども　14
　4．発達の権利　16
　5．権利としての教育　17
　　（1）発達の必要に応えるための教育　17
　　（2）共同の取り組みとしての教育　18
　　（3）「ひとしく」と「義務教育」の意味　19
　6．教育への「不当な支配」の禁止　20

3章 子育てを社会が支える ………………………………… 23
　1．「赤ちゃんポスト」の実践から　23
　2．ポストをめぐる賛否両論　25
　3．ポストはなぜ必要になったのか　26
　4．赤ちゃんが「生まれてくること・育つこと」　27

5．親になるということ　29
　6．「多様な家庭」における子育て　31
　7．「子育て支援政策」と保育所の役割　32
　8．子育て支援のあり方　33

4章　「遺伝と環境」と教育 …………………………………… 37
　1．「遺伝」か「環境」か　37
　　（1）「わたし」の特徴はどうしてつくられるのか　37
　　（2）遺伝の力を重視する説　38
　　（3）環境の力を重視する説　38
　　（4）遺伝と環境の相互作用説　39
　2．教育が操作するもの　40
　　（1）教育は要るか要らないか　40
　　（2）教育が操作する「環境」とは　41
　　（3）教育と「遺伝」　42
　3．「教育する」前に考える　43
　　（1）何のために「教育する」のか　43
　　（2）どこまで「教育する」のか　43
　　（3）教育の可能性と限界　44

5章　教える思想・学ぶ思想1 …………………………………… 49
　1．「子どもの活動」と「大人からの働きかけ」　49
　2．「活動」への二つの働きかけ　50
　3．「教育」を成り立たせるもの　51
　4．積極的な働きかけ　52
　5．消極的な働きかけ　53
　6．「子どもの自然」に適った働きかけ　55
　7．おもちゃによる働きかけ　57
　8．感覚の訓練　59
　9．子どもの活動への働きかけ　61

6章　教える思想・学ぶ思想2 …………………………………… 63

1. 「学ばない」子どもたちの登場　63
   - （1）　日本の子どもの実態　63
   - （2）　わからなくても気にならない　64
2. 「教えられて学ぶ」のはあたりまえなのか　65
3. 「教えられて学ぶ」というかたちの導入　67
   - （1）　「学校」空間の移植　67
   - （2）　紙のテストで「学んだ力」を測れるのか　68
   - （3）　国を強くするために　69
4. 「遊びを通して学ぶ」という見方　71

7章　教育の制度 …………………………………………………… 75

1. 教育制度改革の背後にひそむもの　75
   - （1）　さまざまな制度改革構想　75
   - （2）　社会の変化と教育制度　76
2. 教育制度改革の来し方　77
   - （1）　複線型から単線型へ　77
   - （2）　単線型から新たな複線型へ　79
   - （3）　1990年以降の教育制度改革　81
3. 教育制度が重視すべきこととは　83
   - （1）　学校選択制度への批判から考える　83
   - （2）　多様性に開かれた平等な制度へ　84

8章　教育改革にどう向き合うか ………………………………… 87

1. 教育現場には関係ないのか　87
2. 改革潮流の変化　88
   - （1）　臨時教育審議会と90年代の改革　88
   - （2）　新自由主義と道徳強化論　90
   - （3）　構造改革と保育　92

（4）最近の動き　92
　　3．改革案と反対論，別の改革論　93

9章　保育・幼児教育制度の変化 ……………………………… 97
　1．保育制度ってなんだろう　97
　2．子どもと一緒にいられる時が幸せ　98
　　（1）「生まれ」によって決まっている社会　98
　　（2）農作業の合間の子育て　98
　　（3）子育て習俗　100
　3．「自分で」だけでは子育てできない　102
　　（1）「良妻賢母」思想と幼児教育の開始　102
　　（2）働くお母さんのために　103
　4．日本の幼稚園と保育所　105

10章　教育の方法 ……………………………………………… 107
　1．幼児教育における方法　107
　　（1）幼児教育における方法と内容とは　107
　　（2）幼稚園教育要領と保育所保育指針の内容と変遷　111
　　（3）幼児教育における新たな指導と援助　114
　2．幼児教育における「遊び」と保育の形態　115
　　（1）幼児にとって遊びとは　115
　　（2）さまざまな保育の形態　116

11章　カリキュラムと教育評価 ……………………………… 121
　1．「設計図」と「ものさし」　121
　2．「カリキュラム」とは何か　123
　3．「評価」とは何か　126
　4．「カリキュラム」と「評価」の関係　131

12章　保育文化論 ……………………………………………… 133

1．保育における「遊び」を考える　133
 （1）「学習」としての「遊び」　133
 （2）大人から見た子どもの「遊び」　134
 （3）さまざまな「遊び観」　135
 （4）「遊び」の多層性　136
2．子どもの「遊び」を理解し，支える　137
 （1）「遊び」の充実をめざして　137
 （2）「遊ぶ」経験そのものをどう理解するか　138
 （3）保育者の「ねらい」と子どもの「遊び」との関係　139

13章　子どもにかかわる仕事 ……………………………………… 141

1．保育者とは　141
 （1）保育者とは誰のことか　141
 （2）わが国の幼児教育（保育）施設の変遷と保育者の役割　143
2．保育者になるには　147
 （1）保育者の資格にはどのようなものがあるか　147
 （2）保育者の専門性と研修　148
 （3）保育者養成の問題点　150

14章　保育の社会的・文化的文脈 ………………………………… 155

1．干からびたトウモロコシの種三つのコラージュ　155
2．子どもの複合的な活動過程としての表現活動　158
3．もう一つのコラージュ「ペンギンさんのうちわ」　158
4．作品づくりの過程で築かれる友だちとのかかわり　161
5．子どもが埋め込む「意味」と保育者が置く「価値」　162

15章　育児の失敗説を再考する ……………………………………… 167

1．子育ての現在　167
2．子育てをめぐる二つの神話　168

（1）母性の実態　168
　　　（2）3歳児神話の誕生　169
　　3．子育ての転換期　170
　　　（1）子育て法の一元化　170
　　　（2）マニュアル化の落とし穴　171
　　4．少年の非行化は育児の失敗か　171
　　　（1）「しつけの失敗＝非行化」のイメージと実態　171
　　　（2）社会構造起因説という視点　172
　　5．子育ての未来　173

引用・参考文献 …………………………………………………… 177
参考図書紹介 ……………………………………………………… 185
さくいん …………………………………………………………… 187

1章　教育とは何か

　教育を思いこみや信念だけで語ってしまわないようになるためには，「教育」にかかわるさまざまな概念の中身をきちんと整理して考えることが必要です。この章では，教育という営みを，学生が概念的に把握できるようになることをめざします。まず，教育と学習のちがい，及び，教育の権力性及びそれを批判して登場してきた自己教育論と集団の中での自己学習の考え方について，理解が求められます（2・3節）。また，人間観・社会観の違いなどによって，多様な教育観がありうることが示され（4節），そうした対立に対してどう向かい合えばよいのかが論じられます（5節）。最後に，教育の限界について自覚的であるべきことを論じます（6節）。

1．公園の杭

　「教育とは何か」という問いは，難しい問いです。誰もが納得する答えは，実はありません。この章では，「教育とは何か」という問いへの答えがどうして一つにならないのか，「正しい唯一の答え」がない中で私たちがどう教育についてみていけばよいのかについて，考えてみたいと思います。その前に，一つのお話から始めましょう。

〈事　例〉

　ある日突然，公園の広場に大きな杭が2本，立てられました。長く太い杭です。誰が何のために杭を地面に立てたのか，公園にやってきた子どもたちは知りません。でも，しばらくすると，その2本の杭は，子どもたちの遊び場所になりました。その杭をよじ登って遊ぶ子どもが出てきました。杭に何本もゴムひもをかけて，跳んだりひっかけたりする遊びをするグループも出てきました。また，1本の杭ともう1本の杭との間を行ったり来たりして，タイムを競う子どもたちも見かけるようになりました。

> 杭を打ったのは誰なのでしょうか。杭はなぜ打たれたのでしょうか。子どもの教育のためなのでしょうか。

　教育のために杭を打った，という話を続けることもできます。これを「ストーリーA」と呼んでおきましょう。

　杭が打たれるしばらく前に，「○○市の教育を考える集い」がありました。親や教師が集まりました。そこで，子どもたちにどういう遊びをさせるかが，教育をめぐる議論の中心になりました[1]。「今の子どもたちは決められた遊びしかできない。もっと自由な遊び方ができる公園にしよう」という誰かの意見がありました。議論が進む中で，「太くて長い杭を打ってみたらどうだろうか」という案が出ました。「杭があれば，それに登ったり，その周りを走ったりする遊びを誘発するから，子どもたちに体力をつけさせることができる」という意見です。「杭にひもをかけたり何かを貼り付けたりできるから，子どもたちがきっと集団遊びの楽しさを気づくはずだ」といった意見も出されました。その結果，杭が打たれることになりました——というストーリーです。

　その場合，「杭を打つ」ことに対しては，大人たちの教育的配慮が働いていたことになります。無邪気に遊ぶ子どもたちは，実は大人たちの計算や配慮どおりに遊んでいるわけですね。「このようにして遊んでほしい」という，大人たちがあらかじめ描いたような遊び方をしているわけです。

　教育とは，何かを直接相手に教えることだけを指すのではありません。この例のように，相手の環境をあらかじめ操作して，自然にある行動や体験をするよう仕掛けることもまた，教育といえます（→ルソー）。

2．教育とは何か

　ここでは，「教育とは何か」を仮に定義しておくことにしましょう。「**教育とは，誰かが意図的に，他者の学習を組織化しようとすることである**」というふ

1：遊びから学ばせるというのは，近代教育思想の中に長い伝統があります。**ペスタロッチ**（1749-1827）に学びつつ，幼児教育の原理を打ち立てた**フレーベル**（1782-1852）の思想は，**作業や遊びの教育的意義**を明確化して，今でも大きな影響があります。

うに。ストーリーAにおいて,「公園に杭2本を打つ」ということが,ここで定義した「教育」にあたります。大人たちの教育的意図に基づいて,子どもたちの学習（遊びを通した学習）のあり方を変えよう（＝組織化）とする行為であったからです。

この定義で大事なポイントは,三つあります。

第1に,教育は「他者に対してなされる行為」だ,ということです。「教育」と「学習」の決定的な違いはここにあります。教える側の「教育」には,常に教えられる側の「学習」を伴わないといけません。それに対して,「学習」には必ずしも「教育」が必要なわけではありません[2]。肉親の死から私たちは多くのことを学びます。でも,教育のために肉親が死ぬわけではありません。「教育」がなくても,私たちは学ぶことができるのです。

先ほどの,公園に立った2本の杭については,別の物語を書くこともできます。「ストーリーB」と呼ぶことにしましょう。

「1年後に公園をつぶして,市立美術館が建てられることになった。杭は,本工事に先だつ準備のために打たれたものだ」というものです。

「ストーリーB」では,「杭を打つ」ことは,大人たちの教育的意図とは無関係です。建設業者が,単なる工事の準備のために,杭を打ったわけです。でも,結果的に,子どもたちの遊びが活気づきました。考えてみると,『ドラえもん』の中に出てくる空地の土管がまさに同じです。隠れ家になったり,居場所になったり,怪物が飛び出してくる場所だったり,と。体を動かす遊びや集団遊びが,子どもたちの成長・発達に重要な意義をもっているとすると,公園の杭は,大人の意図とは無関係に,子どもたちの「学習」に役立った（ただし本工事が始まるまでの1年間だけ）と言えるのかもしれません[3]。

歴史をふり返ってみると,「教育」も"education"も,近代になってつくられた言葉であり,新奇な行動様式です（森1987, 1993）。いわば,「誰かが意図的に,他者の学習を組織化すること」が,全社会的に自覚的・体系的に追求されるようになったのは,近代社会になってからだと言えます。人類の過去の長

2：なお,**カント**（1724-1804）は,「人は教育によってのみ人間となることができる」と論じています。そこでの「教育」の定義は,道徳性の陶冶に重点を置いた独特のもので,この章での「教育」の定義と少しずれています。

い間は，多くの人は，生まれ落ちた集団の中で，普段の**生活を通した学習**で，いつのまにか必要なことを学んでいたわけです。

教育学のテキストには，しばしば**野生児**の例が「教育の必要性」を証明する例として掲げられています。しかし，報告されたケースが仮に真実であったとしても「人間としての生活のための学習に適した環境に欠けていた場合の問題が示されている」とみなければなりません。人間が人間になるために必要不可欠なのは，「教育」ではなくて「学習」である，ということです。

3．教育の権力性と教育批判

第2に，教育が他者に対してなされる限り，ある種の「押しつけ」性をもっているということです。もちろん，教育を受ける当人が望んでいる場合にはハッピーな関係ですが，望んでいない場合にも教育が行われたり，求められたりします。「すべての子どもに教える」とか「自分で自分の問題を自覚していない子に教える」というふうな場合には，当人たちが望んでいるわけではないことがしばしばです。

だから，教育には強制や誘導や説得や監視がつきまとっています。それらは他者にある行為をさせる（あるいは，させない）という行為ですから，必ず権力的な性格を帯びてしまいます。近代教育思想はそういう**権力性**を除去しようと努めてきましたが，実践レベルでは常に失敗を繰り返してきています。せいぜい，**権力性の隠蔽**をなしとげてきたにとどまります。

「教師が何も指示しなくても，生徒たちが自由に勉強している」という状態をつくりだしたとしたら，それは，「誰かが意図的に，他者の学習を組織化しようとすること」という，ここでの教育の定義に従うと，最も権力が隠蔽され

3：知識や価値を直接伝達する「意図的教育」と対比させて，ストーリーAのような事例を「無意図的教育」と呼ぶ人がいますが，それは不適切だと思います。大人たちのあふれるばかりの意図が背後にあるからです。子どもたちは大人の教育的意図の通りに動いていますよね。また，ストーリーAのような事例を「意図的教育」，ストーリーBのような事例を「無意図的教育」と呼ぶ人がいます。あるいは，ストーリーBのような事例を「教育的意図はないが教育機能がある」という言い方がされる場合があります。しかし，私は，それは「教育」の意味を広げすぎていると思います。

た状態（＝教師の意図が貫徹している状態）かもしれません[4]。

ただし，教育には権力性があるからといって，否定したり非難されたりするべきかどうかは難しい問題です。「権力性をなくす」として，親と子ども，教師と生徒がもしもまったく対等な関係になったとしたら，果たして親や教師の教育的意図はいかにして実現しうるのか，という問題に直面してしまうからです[5]。

近年は，教育のもつこの権力性がきらわれて，二つの「教育批判」が力をもつようになってきました（今井，2004）。一つは，自分が自分のあるべき姿を決めて，そこに向けて自分を高めていくという，**自己教育論**です。誰かから与えられた目標に向かって，自分なりのやり方を工夫しながら積極的に学習するという「自己学習」とは異なります。自分自身で目標や理想を決めて，自分で学習を組織化していく，「他者」不在の教育ということです。「他者」からの働きかけが存在しないという点で，上に述べた「教育」の定義をはみ出す部分があります。

しかしながら，自分で自分を教育するというこの考え方には，大きな論理的問題があります。無知で未熟な状態にある者が，そうでなくなった状態にある自分について，あらかじめ知っている，という不思議なパラドックス（逆説）があるのです。目の前に自分で選べるたくさんの扉があって，どれかの扉を開ける前に，その扉の向こうに何があるのか知っている，というふうなことです。

もう一つは，**集団の中での自己学習**です。教育を不要なものとみなして，代わりに，周囲の人間関係の中で自然に成長する，というものです。「余計な教育的配慮をする親も先生もいらない。オレは生活していく中で出会う人たちから自然に学ぶぜ」というふうな考え方です[6]。この考え方の根本的な問題は，

4：ルソー（1712-1778）の『エミール』にみられる，この見えない権力性のパラドックスについては，森田（1986）が深く考察しています。
5：「権力」についての見方を転換させた**フーコー**（1926-1984）は，権力が支配や抑圧をするだけではなく，生産し主体を形成するという力としても働くことを示しています。フーコーの言い方に従うと，教育は**「規律訓練権力」**であると言えます。
6：個人が集団の中の新参者として周辺的な位置から出発し，徐々に中心的な役割を果たすようになる過程には，「教授－学習」とは異なる，実践的な学習が成立しています。これをレイヴとヴェンガー（1993）は**「正統的周辺参加論」**という学習論にまとめています。

当人の身の回りの外にあるものを学ぶ機会がないことです（→モレンハウアー）。文字の読み書きができない江戸時代の農民のように，自分の狭い経験を超える世界については知識や認識が貧弱なままになってしまいます。

　これら二つは，学習論として考えると，重要な意義をもっています。しかしながら，教育に替わるものというよりは，過剰なほどあふれるようになった現代の教育への反発や，教育のもつ権力性への批判として考えるべきだと思います。

4．人間観・社会観

　「教育とは，誰かが意図的に，他者の学習を組織化しようとすることである」と教育を定義したときの3番目に大切なポイントは，「意図的」に「組織化する」という点です。この定義には，具体的な中味がありません。無味乾燥の定義です。どういう意図で，どう組織化するべきなのか，具体的な中味を考え始めると，多種多様な意見や見方が出てきて，たちまち鋭い対立が起き，混乱してしまいます。――「教育とは何か」という問いへの答えが一つにならない大きな理由は，この点にあります。

　実際，どういう意図を込めるのか，組織化の理念ややり方をどう考えるかには，実に多様なあり方が考えられます。単純な例でいうと，「大事なことは無理やりにでも教えるのが『本当の教育』だ」と考える人もいれば，「余計なことは教えないで，本人が気づくのを待つのが『本当の教育』だ」と考える人もいます。

　ここでは，そうした教育観の違いが，人間観や社会観の違いを反映しているものだという点を強調しておきたいと思います。いくつか例を挙げてみましょう。

　人間の本性を**性悪説**で考える人たちは，子どもが堕落しないように監視したり，道徳や規範を早くから教え込むことを好ましいと考えます。一方，**性善説**の立場で考える人は，内的な発達を重視し，一人ひとりの子どもがもともともっている「善良さ」を損なわないで引き出すことが望ましいと考えます[7]。たとえば，人間は原罪を背負って生まれてくると考えているキリスト教の影響

が強い西洋社会では，早くから厳しくしつける伝統がありました。子どもは簡単に誘惑や欲望に負けてしまう，と考えていたからです。それに対して，日本や東南アジアでは「小さいうちには子どもの欲求を十二分に満たしてやることが重要だ」と考える伝統がありました。少々いたずらっ子でも大人になっていくと分別がついてくる，と考えていたわけです。

　子どもの能力や気質について，親からの**遺伝を重視する立場**の人たちは，「平等な教育」という考え方に疑いのまなざしを向け，エリート教育の必要性を主張します。さらには，教育の不可能性を主張することもあります。それに対して，子どもをまだ何も書かれていない**白紙（タブラ・ラサ）のようにみなす立場**の人たちは，教育の可能性を最大限に重視し，平等な教育の必要性を主張します[8]。ただし，遺伝重視論者は，環境や教育の影響を軽視してしまいがちです。白紙説の支持者は，教育以外の環境的条件の影響の大きさを見落としてしまうと，教育によってどんな人間でも自由自在につくれるという，**教育万能主義**の錯覚に陥ってしまうことがあります。

　社会観――社会をどういうものとしてみるか――の違いが，教育観の違いに反映している部分もあります。一つの社会のメンバーが共通の価値や道徳を身につけることで秩序が形成されると考える人（**共同体論者**）たちは，教育を通してメンバーの共通性をつくり出そうとします。それに対して，社会のメンバーが，さまざまに多様な価値観や文化をもっていることが，民主主義や市民的自由の基盤だと考える人たち（**多元的市民社会論者**）は，過度な教育の押しつけが価値や文化の多元性を損なわないことが，社会にとって重要だと考えます[9]。ここでも，それぞれに弱点があります。共同体論は，マイノリティ（外国人など）や少数意見をもつ人たちを抑圧してしまう危険性があります。多元的市民社会論は，絶えざる紛争や対立を呼び込んでしまうおそれを抱えています。

7：「子ども自身の活動や自発性を尊重し，子どもに内在するよさを引き出す」という20世紀の**児童中心主義**の思想は，基本的に性善説の教育理論といえます。
8：遺伝と環境の問題については第4章を参照。
9：2006年の**教育基本法改正**は，共同体主義の性格の強い改正でした。しかし，同時に，グローバリゼーションの進展の中で，**多文化共生社会**を実現していこうとする多元的市民社会論からの教育論も盛んになっています。

人間観・社会観の違いによる教育観の対立のほかに、教育と社会の関係をどうみるのかという点での違いが、教育観の違いに反映することもあります。教育を、個人の側の論理から基礎づけていく立場（**個人中心主義**）は、個人の内的な発達が十分実現することが、結果的によりよい社会をつくっていく、と考えます。それに対して、今の社会やあるべき社会があるべき人間像を決めるという立場（**社会中心主義**）は、社会の現実からの要請が「子どもが何をどう学ぶべきか」を決める、と考えます[10]。個人中心主義は、社会の現実から遊離した教育論に陥る危険性をもっています。逆に、社会中心主義は、その時代その時代の狭い現実にからめ取られるおそれをはらんでいます。

5．無責任と独善をこえるために

　このようなさまざまな対立をみてくると、「教育とは何か」という問いへの答えが一つにならない事情がよくわかります。対立する教育論は、背後に「人間や社会をどうみるか」というレベルでの、大きな思想的対立が含まれているわけです。理論的にも実証的にも、何がより適切なのかについては、教育学の中での論争や対立が繰り返されてきました。厳密な理論研究・実証研究に基づいて、決着がついた問題や否定された考え方もあります。しかしながら、根本的な原理レベルでは、教育観のさまざまな対立は、「世界観の対立」のようなものですから、決着がつかないのが当然だといえます。

　だからこそ、私たちは、人間の知の発展と社会の新しい状況とに対応していくために、「教育とは何か」という問いを、常に新たに立て直していかねばならないのです。

　みなさんは、さまざまな教育論の中で、どういう立場の議論に親近感を感じますか。

　みなさんの中には、「教育についていろいろな考え方があって、どれかが絶対的に『正しい』と言えないのだから、考えてみても仕方がない」となげやり

10：個人中心主義は哲学者の**カント**の教育論が代表的なものです。それに対して、社会学者の**デュルケーム**は、社会中心主義の立場から強い批判を加えています。二つの立場の対立を乗り越えようという努力は、**デューイ**など多くの教育学者が試みてきています。

になってしまう人はいませんか。それでは無責任な教育者になってしまいかねません。そういう人は，いろいろな教育論を比較したり，教育に関する情報や事実を集めてみて，「とりあえず，今の現実に照らして，どの教育論がよりましなのか」ということを考えてみてください。「誰もが認める絶対的に正しい教育」は存在しないけれども，今の現実に照らして，「問題の多い教育」と「よりましな教育」とを区別することはできるはずです。

あるいは，「どれかが絶対的に『正しい』と言えないのなら，私が自分で『正しい』と考える教育に向けて，ひたすら突き進むことにしよう」と考える人はいませんか。それは，しばしば独善（ひとりよがり）に陥ってしまいます。自分が考える教育観とは違う教育論にも触れてみてください。考える材料や自分の実践を反省的にみるための材料を，たくさんもっていればいるほど，バランスのとれた奥深い教育の実践が可能になります。経験的にみておそらく確実なことは，ある原理を極端に徹底した教育実践は，ほとんどの場合，何かどこかに大きな失敗やしわ寄せが生まれています。さまざまな教育論や教育観をきちんと知ることは，各自が反省的な実践を行うための大きな財産になるはずです。

6．教育の限界

最後に，教育に携わる者が心得ておかねばならないことをもう一つ述べます。それは，「教育には限界がある」ということです（広田，2003）。

ここでは，教育を「誰かが意図的に，他者の学習を組織化することである」と定義しました。こちらの意図の通りに他者が学んでくれるとは限らない，ということを理解しておく必要があります。

最初に掲げたストーリーAでいうと，第1に，意図と現実の効果は別ものです。公園の杭で子どもたちが遊んだからといって，それで体力がついたかどうか／集団遊びの楽しさを味わったかどうかは，断言できません。一度だけ杭によじ登った子どもがいたとしても，それで飽きてしまうかもしれません。「子どもたちに体力をつけさせた」と胸を張ると，「大げさだ」と言われてしまいます。また，集団遊びに不愉快な印象しか残らなかったかもしれません。

第2に，教育する側が意図しない行為を，子どもたちがしてしまう可能性があります。子どもの誰かが「杭の根もとを掘る」という遊びを考え出して，夢中でやっているうちに杭が倒れて大ケガをするかもしれません。教育する側（設置者）の意図どおりには，子どもたちは行動しないものです。

　第3に，教育を受ける側は，常にやりすごしや離脱の自由をもっています。杭を打った大人の意図はからぶりに終わり，誰も杭で遊んでくれないこともありえます。

　第4に，教育を受ける側から，「余計なお節介」と非難される可能性もあります。「杭のせいでサッカーができなくなった」と文句を言う子どもがいるかもしれません。

　教育は，常に教育する側からの一方的な思い入れの上に成り立っています。しかし，教育は思い通りにならなくて当たり前。**片想いのようなもの**です。こちらの意図の通りに他者が学んでくれるとは限らない，ということを理解しておくことが必要です。

演習問題

A. 第4節で述べた教育観をめぐるさまざまな立場に，具体的にはどういう思想家がいるのか，もっと調べてみてください。

B. ストーリーAで，「杭のせいでサッカーができなくなった」と文句を言う子どもが出てきた時，大人たちはどう対応したらよいでしょうか。考えてみてください。

C. 親の立場からみた家庭教育と，子どもの立場からみた家庭教育とでは，「見え方」がどう違いますか。あなたの家庭の場合を思い浮かべて，考えてみてください。

2章 教育の目的

　教育の目的とは何か。これを考えるために，まず本章では，すべての子どもにとって不可欠なことは何かを考えます。これは，「身体的，精神的に発達していくこと」と「人々との関係の中ではぐくまれていくこと」です。これらを子どもの基本的人権として保障しようとする考え方を「関係的子どもの権利論」といいます。これがどう保障されようとしているかを，具体的に日本の法律や国際条約を読むことで確認しましょう。

　これを踏まえて，改めて教育の目的について考えてみるなかで，学校教育や教師の役割についても考えてみましょう。最後に，本章で考えた教育の目的が大切とされる理由を理解するために，戦前の教育の様子にも触れます。

1．「子どもにとって不可欠なこと」から考える

　「教育とは何か」という問い（第1章参照）と同様に，「教育の目的は何か」という問いも，人によっていろいろな考え方があって，なかなか意見がまとまらないトピックです。大人が，子どもに学んでほしいと考えるものは山ほどあるし，しばしばそこには対立する考え方もあるからです。

　そこで，具体的な個別の「教育の目的」をあれこれ論じる前に，まずは，子どもにとって不可欠なことはなんなのか，を考えてみる必要がありそうです。どういう内容であれ「教育の目的」を定める際に，その根底に据えられるべきものは，「すべての子どもにとって不可欠なこと」であるはずだからです。これは，言い換えると，子どもにとって満たされるべき**基本的人権**です。

　そこで，この章ではまず，子どもにとって不可欠なことは何か，を考えてみます。この一つめは，「身体的，精神的に発達していくこと」です。ただし「発達」も，どういう性質のものと考えるかについてさまざまな考え方があり，

この考え方の違いによっては，まったく異なった教育論を生み出します。そこで「人々との関係の中で育くまれていくこと」を二つめに不可欠なこととしてとりあげ，その理由を考えます。これは，関係のあり方が子どもの発達に影響を及ぼすとの考えに基づいています。これによって私たちは，どういう関係のあり方が子どもの発達のためにふさわしいのかについて，考えを深めていくことが求められます。

次に，この二つが**日本国憲法**や**子どもの権利条約（児童の権利に関する条約）**[1]そして**教育基本法**の中で基本的人権としてどう位置づいているのかを確認します。以上を踏まえて考えた先に，すべての子どもにとって不可欠である基本的人権としての教育が何を目的とすべきかが，私たちに見えてくることでしょう。

2．身体的・精神的に発達する子ども

まず，以下の事例を読んでみてください[2]。
〈事　例〉

> A君はある中学校の特別支援学級にいます。自閉症との診断を受けています。普段はおだやかな少年ですが，意志が伝わらないと，壁やたんすをけったりします。自分の意志を単語で伝えられるものの，会話としてのやり取りが継続することはありませんでした。
>
> ある日，A君と暮す両親は「とてもさびしい」と特別支援学級の先生に語りました。なぜなら，両親が「今日学校で何をしたの」と聞いても，答えが返ってこないからです。
>
> そこで学校は，A君の会話の指導に取り組みました。ねらいは，「今日，給食で何を食べたの」「学校で，何を勉強したの」といった，学校に関する質問に答えられるようになることにおきました。

1：この条約は1989年に国際連合で採択され，日本は1994年に批准（条約を守る世界の取り組みの輪に入る宣言のこと）しました。日本政府はこの条約を「児童の権利条約」と呼び，一方で民間は同じ条約を「子どもの権利条約」と呼ぶことが多いようです。
2：この事例は，大南・緒方（2002）の「5　障害児の理解Ⅱ」を元に，主旨を損なわないよう心掛けて，本章のために筆者が構成したものです。

しかし，実際に指導を始めてみて，A君がこのような質問に答えることに難しさを覚えていることがわかりました。これらの質問はA君の立場になって考えてみると，「何を聞かれているのか」がわからないのです。つまり「今日学校で何したの」と聞かれた場合，一番印象に残ったことを答えればいいのか，一番楽しかったことを答えればいいのか…とA君は混乱してしまうのです。またA君は質問に対し，今日のいつのことを答えていいのか混乱してしまうのでした。

　このことに気付いた先生たちは，指導を切り替えました。現在行なわれている活動を質問して，A君に答えてもらうようにしました。たとえば「A君，今何をしているの」という質問に答えられることをねらいとしました。この質問へA君は，すでに知っている言葉で，数週間で答えられるようになりました。

　次に，1日を振り返る質問，「今日は何をしましたか」に答えられることにねらいを移しました。答えるのが難しい様子のときは，特別支援学級のさまざまな活動を撮った写真（あらかじめ撮ってあったもの）を，ヒントのために見せたりしました。

　練習を続けているうちに，A君は「今」と「今日」という言葉の違いを理解し，質問の内容を区別できるようになりました。次第に家庭でも「今日学校で何をしたの」という母親からの質問に対して，「体育」というように，1回のやり取りができるようになっていきました。先生は母親に，A君との会話をメモしてもらい，指導に役立てました。

　1回のやり取りが安定してできるようになったころから，母親はもう一つ質問を加えていきました。たとえば先の1回のやり取りのあとに「体育はどこでやったの，体育館，それとも校庭」と質問を続けました。これにA君は「体育館」とすぐに答えられるようになりました。質問の中に，答えの手がかりを入れてあげたことがよかったようです。こうして2回のやり取りが，そして時には，3回のやり取りができるようになっていきました。

　これは，特別支援教育の事例です。ここからは，A君に会話ができるようになるという発達がみられました。

　A君に限らず，どの子どもも，身体的にも精神的にも発達していきます。この発達は，障がい[3]のあるなしや，生まれたところや家柄にかかわらず，どの子どもにもみられます。子どもにとって不可欠なことの一つめは，「**身体的，精神的に発達していくこと**」です。

人間の発達は，独特な筋道があります。たとえば馬は，生まれてすぐに歩行を始めますが，人間の子どもの場合，いきなり歩くことはできません。ゆっくり時間をかけて，腹ばい，つかまり立ち，歩行へと進んでいきます[4]。運動機能だけではなく，思考能力の獲得にも筋道があります。スイスの発達心理学者ピアジェ（Piajet,J., 1896-1980）は，形式的・抽象的思考操作が可能になる12～13歳の年齢の段階に至るまでに，いくつかの段階があることを，観察の結果から明らかにしています（ピアジェ,1978）。

3．関係の中で育つ子ども

このことと同時に子どもにとって大切なことは，発達は，子どもに関わる周囲の人々が重要な意味をもっていることです。つまり子どもには「**人々との関係の中で育くまれていくこと**」が不可欠です。たとえばA君の「会話をする」という学習，つまり精神的な発達は，A君だけの取り組みによって起こったのでも，自動的に起こったのでもありません。むしろ事例からは，先生や親のかかわりがA君の発達を促したことがわかります。その際，A君の様子から意志を確認して，試行錯誤しながら，先生や親は学習を組織していました。つまり先生や親の一方的な考え方ではなく，A君の意志を確認しながら，何が最善の取り組みかを考えるという，双方向的な関係の上に立ってA君の発達が促されたわけです。

3：「障害」という語に含まれる「害」という字は，害毒の「害」です。しかしたとえば目が見えない人は害毒を出しているわけではありません。目が見えないという機能的な傷は，音による説明をあたりまえとし，どんな本も点字で読める社会では「障害」にはならないでしょう。「害」ととらえる見方こそが「障害」を生み出す源であることが，これまでの研究で明らかにされています（星加，2007）。本書はこうした主張に沿い，「障害」ではなく「障がい」とひらがなで表記します。なお「障碍」とする表記の「碍」は「さまたげの石」の意であり，「目から石を取り除けば障碍ではなくなる」（津守，1997）という，本書の「障がい」と同様の意図をもって使われる用語です。

4：ポルトマン（Portmann,A., 1897-1982）は，馬などの動物が生まれてすぐ立ち上がる一方で，人間の赤ん坊は約1年経たないと立てないことに注目し，人間は他の動物に比べ**生理的早産**であると主張しました。これは確かに「保護の必要な未熟な赤ん坊」で，発達に時間がかかる一方で，柔軟にさまざまなことを学習し，周囲の人を驚かせたり，感心させたりする発達の可能性があることも意味します。

身体的にも精神的にもゆっくり発達していくという特質をもつ子どもには，その過程で生命を守り，子どもの最善の利益を守る存在—たとえば親などの大人—が必要です。子どもは一人で自力で生きることは困難ですし，必ずしも合理的判断ができるとは限りません。そのため，「この子の発達のため，今何が最も大事なのか」を考えて取り組む大人との関係は重要です。

ただし，子どもは保護を受けるのみの存在でもありません。発達の過程で自分の意志を，親や教師などの大人を対象に表しはじめます。この対象は，行政機関や学校かもしれません。たとえば幼児なら「ボクもあのオモチャで遊びたい」とか。もう少し成長すると「自分の部屋がほしい」とか，「校則の中に厳しすぎたり，存在する意味の不明なものがある。これは改めるべきではないか」とかが考えられるでしょう。

子どもの意志や意見は，発達の途中ですから，ムチャな内容だったり，理にかなっていなかったりするかもしれません。またA君のように，言葉で伝えるのが難しい子どももいるでしょう。しかしこれらは，「発達を促すための関係のあり方を，今までのあり方から変化させる必要があるのではないか」と，子どもから発信されたシグナルと考えることもできます。こう考えると，一方的な無視や「わがままだ」「勝手にすれば」などと決めつけてしまうのは，子どもに「あんまりだ」と思われるでしょうし，なにより発達を促す関係を考え直していく好機を逃すことになります。子どもの側も，意見を表明した後に「それはムチャだ」とか「なるほど，こうしてみたら」と答えてもらう経験などを通じて，自己の存在や意見を受け止められたと意識するでしょう。こうした経験をしながら，子どもは自分の意見や意志を，考え直したり，新たに表明したり，いまだ知らないさまざまな学習や経験へ踏み出したりしていく。さらには，相手の存在とか意見とかを受け止めたり，尊重するとはどういうことかを学習していくと考えられています。

子どもの意志や意見をくみとり，尊重する。そして「何がこの子の最善の利益なのか」を考えて，これを具体化するための取り組みを考える材料の一つにしていく。このようにして，身体的にも精神的に発達していく過程を守りながら，実りあるものにするためには，意見や意志を尊重するという，双方向的な関係が重要となるのです。

4．発達の権利

ここまで子どもにとって二つの不可欠なことを確認しました。子どもたちはこれら二つが保障されて育つことが基本的人権であると，広く世界中で考えられています。

基本的人権とは，誰もが生まれながら尊重されなければならない数々の権利のことです。したがって「身体的，精神的に発達していくこと」と，「人々との関係の中で育くまれていくこと」を保障されることが，すべての子どもにとっての基本的人権になります。特に後者の側面を重視して，発達を促す関係をすべての子どもに権利として保障するべきとの考え方を，**関係的子どもの権利論**（福田，2001；世取山，2001；大江，2004）と言います[5]。

この不可欠なことが基本的人権として位置づけられている様子は，日本の場合，日本国憲法，子どもの権利条約や教育基本法から確認できます。これらの法律や条約は，基本的人権が侵害された場合に，是正を要求するよりどころになるので重要です。これらを読んで基本的人権にどう位置づいているかを，具体的に確認しましょう。

弱々しい様子で生まれてくる子どもには，生命を守られて生存する権利，そして発達の権利があります。これはたとえば，子どもの権利条約第6条で規定されています[6]。身体的，精神的な発達を権利とする考え方は，日本国憲法第26条に規定されている**教育を受ける権利**の読み方について出された最高裁判所

5：子どもの権利条約では第12条で，子どもが意見する権利を保障しています。これは「**意見表明権**」と呼ばれます。条文は，以下の通りです。「締約国は，自己の意見を形成する能力のある児童がその児童に影響を及ぼすすべての事項について自由に自己の意見を表明する権利を確保する。この場合において，児童の意見は，その児童の年齢及び成熟度に従って相応に考慮されるものとする。」関係的子どもの権利論は，この条文でいう子どもの意見の表明を尊重するための，大人との関係を，**子どもの最善の利益**を保障する（子どもの権利条約第3条）ための大人との関係の両方が，子どもの権利として保障されなくてはならないと主張しているのです。

6：子どもの権利条約第6条は，第1項で「締約国は，すべての児童が生命に対する固有の権利を有することを認める」とし，第2項で「締約国は，児童の生存及び発達を可能な最大限の範囲において確保する」と規定しています。

の判決[7]からも，見て取ることができます。この判決の中では，特に精神的発達の権利は**学習する権利（学習権）**と言われています。

そしてこの判決は，教育は「教師と子どもとの間の直接の人格的接触を通じ，その個性に応じて行われなければならない」と述べています。つまり判決は，子どもの発達は，教師，親や大人といった人々との，直接の人格的接触を通じて実現すると言っているのです。ここから，子どもの意見や意志へ気を配るなど，一人ひとり子どもを個人として大切にする関係を通じ，子どもの発達を促す関係を権利として保障するという考え方を読み取ることができます。

5．権利としての教育

（1） 発達の必要に応えるための教育

ここまで述べてきました二つの不可欠なことが，前章で意図的で組織的な営みという特徴を持つとされた教育と，どう結びつくのでしょうか。このことは「教育の目的は何か」を考えるために重要になってきます。結論を先取りすれば，子どもにとって不可欠な二つのことを守り，発達を促すことを目的として，教育は営まれます。教育を受ける権利を規定している日本国憲法第26条を読み，考えてみましょう。

> 日本国憲法　第26条
> 1　すべて国民は，法律の定めるところにより，その能力に応じて，ひとしく教育を受ける権利を有する。
> 2　すべて国民は，法律の定めるところにより，その保護する子女に普通教育を受けさせる義務を負ふ。義務教育は，これを無償とする。

第1項の「**能力に応じて**」は，どのような意味でしょうか。「能力の違いに応じて，教育内容や学習機会に差をつける」という意味でしょうか。

仮にこういう場合を考えてみましょう。A君が，障がいがあることを理由に「学校に来なくてよいです」と言われ，発達を促す関係から排除されてしまっ

7：この判決は「北海道学力テスト最高裁判決」と呼ばれます（昭和51(1976)年5月21日判決，『判例時報』814号33ページ〜）。この判決は「この規定（第26条—引用者）の背後には，国民各自が，一個の人間として，また，一市民として，成長，発達し，自己の人格を完成，実現するために必要な学習をする固有の権利」があると述べています。

た場合です。このあとの彼の発達は，どうなってしまうでしょうか。

　恐らく，A君の発達は促されていかないかもしれません。障がいのない子どもの場合でも，似たことが考えられると思います。これでは，子どもの権利としての発達が促されないどころか，台無しにされてしまうかもしれません。

　こういうことにならないためにも，教育は，子どもの**「発達の必要に応じ」**て保障される必要があります。この考え方に基づいて，第26条の「能力に応じて」の意味は読まれています。ですので，教育は「能力の違いに応じて，教育内容や学習機会に差をつける」ことを目的とするのでありません。

　この「能力に応じて」は，もう一歩踏み込んだ意味に読まれています。つまり，発達や学習に特別な必要がある子どもには，これに応えるための教育内容や学習機会が設けられるべきと考えられています。この例の一つが，A君も受けている特別支援教育です。これは，障がいなど特別なニーズのある子どもの発達を保障するために，子どもに応じて工夫をした教育や援助をしています[8]。

（2） 共同の取り組みとしての教育

　次に，子どもの発達の権利に応えるための教育のあり方について，考えてみましょう。

　子どもの発達の権利に応える第一の責任は，親にあると法律的には考えられています（**親権**といいます）。しかし親だけで，発達する子どものさまざまな必要に十全に応えられるか…と考えた場合，どうでしょう。なかなか困難が多いと思われます。なぜなら，ひとくちに親といっても，得意なことや不得意なことがあったりと，さまざまな個性があります。この個性が子どもの必要と一致した場合はいいのですが，いつも一致するとは限りません。またA君のように，親だけでは十全に応えきれないような特別な指導や援助が必要な場合もあるからです。

　A君の場合，学校の先生と親の間の協力によって，会話を身につけていきました。これは，子どもの発達の権利に応えるために，親と教師，つまり大人た

8：特別支援教育については茂木（2007）を参照。この本は，2007年より実施に移された特別支援教育に関する課題や障がいを理由とした排除のない「インクルーシブ（包接）教育」の実現への課題を詳しく述べています。

ちが，共同して用意した教育の機会を通じて現われたと考えられます。このように大人たちが，子どもの発達について専門家として深く知る教師たちを中心にしながら，共同の関係を結びあう。さまざまな教師たちとのかかわりあいを通じて，子どものさまざまな発達の可能性も広がると思われます。

　このような共同によって生まれたのが**学校教育**と考えられています（堀尾，1971）。したがって「子育てを学校にすべてあずけてしまう」とか「学校に不満ばかり言う」のではなく，むしろ親による学校への協力は，子どもの発達のため重要です。同時に，子どもの発達の専門家である教師には，親の協力を得て，その意見に柔軟に対応しながら，子どもの意見や様子に気を配るなどしながら，子どもの発達や学習のため深く考え実践をすることが求められます。いわば教師には，「開かれた専門性」が求められます。教師は，一方的に判断を下すような「閉じた専門性」にはなじみません。

　こう考えますと学校には，子どもの発達のための細かい指導をするため，十分な数の教師が必要となります。また，クラスにあまりにも多くの子どもが詰め込まれて授業が行われていたら，指導が行き届かないなどの問題が起きると思われます。こうならないために，教室を増やしたり，学校を建てたりするべきでしょう。つまり学校教育を運営するためには，教職員をそろえたり，施設を整えたりといった**条件整備**が必要です。教育における条件整備は，国や地方公共団体の義務とされています[9]。教育の条件整備に大きな地域的な格差があってはいけません。ですからこの整備のため，十分な教育予算の裏づけが必要です。

（3）「ひとしく」と「義務教育」の意味

　次に，日本国憲法第26条第1項の「ひとしく教育を受ける権利を有する」にある「**ひとしく**」とは，どういう意味でしょうか。考えてみましょう。

　この条文には，教育は「すべて国民」の権利と書いてあります。この条文は，財産，家柄，障がいのある・なしかかわらず，だれもが「ひとしく」この権利を尊重されることを意味しています。特に子ども期の教育の機会は，将来のた

9：教育基本法第16条第4項には「国及び地方公共団体は，教育が円滑かつ継続的に実施されるよう，必要な財政上の措置を講じなければならない」とあります。

めに重要です。そのため，財産や家柄や障がいのある・なしによって教育の機会が制限されてはならない。「ひとしく」教育の機会が保障されなくてはならない，と考えられます。以上が「ひとしく」の意味です。このことに深くかかわって，憲法第26条第2項では，生まれた家の経済状況によって子どもの教育機会が制限されたりしないように，小学校と中学校の9年間（学校教育法第16条）の**義務教育**は無償と定められています。

　義務教育というと「学校に行かなくてはならないという子どもの義務」と誤解されがちです。しかし第2項を正確に読んでみると，これが誤りであることがわかります。第2項の主語は「すべて国民」です。これに義務があるとこの条文は述べています。この義務の中身は「その保護する子女」，つまり子どもの，教育をうける権利を保障するというものです。したがって子どもの権利を保障する義務がある「すべて国民」とは親や大人たちのこととなります。

　「義務教育」とは，**「親や大人たちの，子どもの権利に応える義務」**という意味です。これは教育の目的が，本章でみなさんと考えてきましたように，子どもにとって不可欠な，**「子どもの発達の権利に応えること」**と考えられているからなのです。

6．教育への「不当な支配」の禁止

　本章の最後に，教育の目的が以上のように考えられるようになった背景の一つとして，第二次世界大戦に負ける以前の教育の目的がどうであったかについてお話します。

　戦前の教育は，**大日本帝国憲法**と**教育勅語**に基づいていました。大日本帝国憲法は，天皇を主権者（政治について決定する権利をもつ者という意味です）とし，基本的人権の保障も不十分でした。たとえばこの憲法には，教育を受ける権利の規定はありませんでした。

　教育勅語では，大日本帝国憲法の時代の教育のあり方が述べられていました。これは国の中心とされていた天皇が，臣下である日本国民（臣民といいます）に授けるというかたちになっています。教育勅語により教育のあり方は，天皇へ奉仕する人を育てる，時には天皇のために個人を犠牲にして尽くす人を育て

るべきとされてきました。このように教育は，一人ひとりの子どもの発達を大事にすることよりも，ある特定の価値観を身につけさせることを目的としていました。このような教育のあり方が，第二次世界大戦へ日本が突き進んでいった原因の一つと考えられています。教育には，子どもの発達に深く影響を及ぼすだけに，ある特定の価値観に人をまとめあげてしまう危険性もあるのです。

　このような戦前の教育への反省から，教育の目的はどうあるべきか考えられてきました。もし日本国憲法の下で戦前のような教育が行われた場合，たとえば天皇のための臣民を育てる教育や，特定の価値観ばかりを身につけさせる教育を，政権を握った政党や政治団体などが行った場合，憲法違反となります。これは教育への**「不当な支配」**とされ，現行の教育基本法でも，第16条第1項で禁止しています[10]。

　教育の目的は，一人ひとりの子どもに不可欠である権利としての発達を促すことに変わりました。この保障のためにどのような関係をつくり上げていくべきか。このために，教師をはじめとした，大人たちの知恵と取り組みが今も求められているのです。

演習問題

　A．あなたの生い立ちを振り返って，「身体的，精神的な発達のエピソード」を見つけて話をしてみてください。その際「どんな人が，どのように，その発達のためにかかわっていたか」に注意して，振り返ってみてください。

　B．学校教育が子どもの発達を促す取り組みをするにあたって，問題になっていること，工夫すべきことはなんでしょうか。話し合ってください。

　C．「発達の必要に応じた」教育関係の保障は，学校だけに限らないと考えられます。あなたの身近にもあるはずです。どのようなものがあるか，考えてみてください。

10：第16条第1項には「教育は，不当な支配に服することなく，この法律及び他の法律の定めるところにより行われるべきものであり，教育行政は，国と地方公共団体との適切な役割分担及び相互の協力の下，公正かつ適正に行われなければならない」とあります。

3章 子育てを社会が支える

　この章では，新生児を育てられない親が利用する「赤ちゃんポスト」の事例を通して「子育てを社会が支える」とはどういうことなのかを考えたいと思います。この事例では，現代社会の中で子どもを育てていくことのさまざまな困難が浮かび上がってきます。それは妊娠・出産という一人の女性としてのごくプライベートな問題と，「子育てをしながら働く」という社会的な問題とが，複雑に絡み合って生じているのです。この問題は，単にポストを利用する「ある特別な事情を持つ親」にだけ当てはまるのではありません。

　現在，保育所には地域の子育て支援が求められています。子どもの最善の利益のために，私たちはどのように子育てを支えていくことができるのでしょうか。

1.「赤ちゃんポスト」の実践から

　みなさんは「赤ちゃんポスト」を知っていますか。新生児を育てられない親が，匿名で預けることができる保育器型の施設です。保育器に赤ちゃんが置かれると，ブザーが鳴り，24時間体制で職員が駆けつけ，保護する仕組みになっています。

　これはドイツのハンブルクという都市で始まった妊産婦保護を目的とする取り組みで，多くは医療施設に付属して設置されています。日本ではドイツの取り組みを参考に，平成19(2007)年に熊本県の慈恵病院で導入されました。

　ポストの役割は，第一に生まれて間もなく捨てられ，命の危険にさらされてしまう赤ちゃんの保護にありますが，そのことと関係して，妊娠したことに戸惑い，出産に困難を抱えざるを得ない女性のために，相談の窓口を開くことにもあります。

　今，子どもを育てるという営みに，あるいは，「子育て」以前の，子どもを

授かるということそれ自体から，困難が生じてきているようです。以下，赤ちゃんポスト発祥の地である，ドイツ・ハンブルクの新聞に報じられた赤ちゃんポストの取り組みを見てみましょう。

〈事 例〉

　　2007年12月19日付「モルゲンポスト」紙（ドイツ・ハンブルク）には，かわいい赤ちゃんを抱いて，にこやかに笑っている母親の写真が掲載されました。その上にはゴシック体で「もう二度とこの子を置き去りにはしないわ！」という見出しが付いています。二人の横にある柱には，ドイツ語で「Babyklappe（ベイビークラッペ）」つまり「赤ちゃんポスト」と書かれています。この記事は，母親のアンジャさん（31歳）が望まない妊娠によって授かった娘のツォアちゃんを，一度はポストへ預けたこと，しかし後に思い直して，引き取りに来た経緯を伝えています。

　　スイスでレストランを経営していたアンジャさんは，高収入と引替えに多忙な一週間を過ごし，年に2回は長期休暇を取って豪華なバカンスを楽しむという，リッチな独身生活を満喫していました。そんな彼女の生活にとって妊娠は，まったく望まないかたちで，突然に訪れたのでした。アンジャさんは周囲に妊娠の徴候を隠し通し，休暇で訪れたアルゼンチンで，予定より数週間早くツォアちゃんを出産します。そして産後間もなく，現在の仕事と子育ては到底両立できないと考え，この子をポストに預けようと心に決めたのでした。彼女は「背中に旅行用のリュックサック，両手には新生児を抱えて」帰国，その足でポストへ直行しました。「赤ん坊のことは家族にも話さず，ポストのスタッフに預けると，私はそのままスイスの職場へ復帰しました」とアンジャさんは語ります。

　　しかし，残された新生児は授乳の時間になるたびに，母親を求めて激しく泣きました。ツォアちゃんの養育に当たっていたポストのスタッフ，ライラさんは，アンジャさんを説得しにスイスの職場まで出かけていきます。当初は説得に応じなかったアンジャさんも，最後には心を変えました。スイスでの仕事を辞める決心をし，ツォアちゃんと二人，ドイツで新しい生活を始めることにしたのです。「この時の決断を，後悔したことはありません」。

　　そして現在，アンジャさんはポストのスタッフとして働いています。彼女は言います。「かつての私がそうだったように，困難な状況に置かれている若い母親たちを，できる限り援助していきたいのです」。

2．ポストをめぐる賛否両論

　赤ちゃんポストの試みは，度重なる新生児遺棄事件に心を痛めた小児科医，ケースワーカー，助産師らが呼びかけ，これに賛同する有志ボランティアによって始められました。この活動が広まり，現在ではドイツ全土80ヵ所以上に設置されるようになりましたが，国内にはいまだに賛否両論があります。

　みなさんはアンジャさんの話を読んで，どのように感じたでしょうか。「子どもを育てられる環境が整わないうちに，望まない妊娠をして，ましてその子を簡単に捨てるなんて！」と彼女を責めたくなった人もいるのではないでしょうか。ポストの設置に対する反対意見で最も多いのは，ドイツでも日本でも，軽はずみな妊娠・出産そして育児放棄を助長する，というものです。赤ちゃんの命を授かるということには，本来，その命を守り，育むべき大きな責任があるはずです。**このような生命尊重という立場から，ポストの設置に疑問を投げかける人は大勢います。**

　また，法律的な問題を問う人たちもいます。日本の場合ポストの設置が刑法の保護責任者遺棄罪や児童福祉法に抵触するのではないか，というのです。

　これに対してポストの設置・運営側もまた「助けられる命は母子ともに助けたい」と生命尊重の立場から主張します。100％安全な避妊の方法はありませんし，誰もが準備万端整った状態で子どもを授かることができるわけでもありません。やむにやまれず出産し，新生児を遺棄することになった場合，母子ともに生命の危機にさらされてしまいます。心身ともに困窮し，緊急の事態にある女性に相談の窓口を開くことは，赤ちゃんと母親，二人の命にとって重要です。ポストでは，必要であれば医療機関での安全な出産をサポートし，養育が困難な場合には，安心して子どもを預けられるよう支援していくことを目指しているのです。

　このように，赤ちゃんポストには，社会的な妊産婦保護の役割が期待されるため，設置にあたって厚生労働省が示した法的な見解は，「現行法では明らかに違反とは言い切れない」と容認するものでした[1]。

　反対も賛成も，互いに生命尊重の立場から出発し，いまだに慎重な議論が続

けられています。

　ドイツでは年間1,000人の捨て子があるといわれ，その多くがポストによって命を救われています。日本では，ポスト設置から1年間で17人，2年間で51人の乳幼児が保護されています。

3．ポストはなぜ必要になったのか ─現代社会の中の子育て─

　日本とドイツ，この二つの国で今，なぜ同じように赤ちゃんポストの設備が必要になったのでしょうか。両国とも第二次世界大戦以後，高度経済成長を果たして今日の豊かな社会を築き上げてきました。したがって，貧困や飢餓が原因で，授かった子どもを育てられないという状況はちょっと考えにくいと思います。

　あるいはポストを利用するのは，ごく一部の特別な事情をもつ人びとに限られているのでしょうか。しかし，ドイツのアンジャさんは，自分と同じように悩んでいる母親たちを助けたい，と語っています。彼女の言葉は，妊娠・出産に戸惑う女性たち，支援を必要としている女性たちが，社会の中には潜在的に多く存在している可能性を表しています。また日本では，慈恵病院をはじめ，熊本県・市に寄せられた妊娠に関する悩み相談が，ポストの設置以後1年間で1,486件にのぼりました。これらのことは，この豊かな社会において子どもを生むこと・育てること，子どもが生まれること・育つことについて，特別な困難があることをあらわしているように思います。

　以下，赤ちゃんポストの事例から，三つの論点から考察していきたいと思います。

　第1に，子どもの生命を尊重する，という問題があります。ポストに対する賛成も反対も，どちらも生命尊重という立場から意見が対立していました。このように，子どもの生命を尊重する，という場合，誰によって，子どもの何が保護し尊重されなければならないのかを，考えなくてはなりません。この問題

1：ポスト設置にあたって厚生労働省が平成19(2007)年2月22日に示した見解です。また，設置1年が経過した平成20(2008)年5月20日には，「ポストに預ける前に保護者が相談してくれるよう児童相談所などの窓口をさらに充実させたい」と述べています。

について，次の第4節で掘り下げましょう。

　第2に，赤ちゃんを授かり，生み，育てることについて，つまり，「親になること」の立場から考えてみたいと思います。子どもを授かったとき，生むか・生まないか，育てるか・育てないか，にはじまり，その先にはより具体的に，パートナーと育てるのか・一人で育てるのか，等々，無数の選択が広がっていきます。そしてその決断には常に，働くことと，妊娠・出産・育児との関係が重大な鍵を握ります。このことは，第5節で考えたいと思います。そして第6節では，親子にとっての生活の場となる「家庭」について考えたいと思います。

　第3に，社会的・制度的な子育て支援について考えたいと思います。上の記事でみたように，ドイツの赤ちゃんポストのスタッフ，ライラさんや，慈恵病院のポストのスタッフたちは，一人でも多くの生まれてくる新しい命を守り，その子の人生にとっての最善を尽くそうとしてきました。子育てを親子関係に限定された，プライベートな領域にしてしまうのではなく，親子関係では解決できない問題が生じた場合，地域・社会によって支えることはできないのでしょうか。第7節で触れたいと思います。

4．赤ちゃんが「生まれてくること・育つこと」
　　　──子どもの生命を尊重するとは──

　慈恵病院の蓮田太二理事長は赤ちゃんポストの設置にあたり，「捨て子を見て見ぬふりをして『死なせてもいい』という論理は通らない。子どもに罪はない」と訴えました。親や周囲の大人たちの事情や，置かれている状況がどのようなものであれ，生まれてくる子どもには何の責任もなく，一つの命として大切にされなくてはなりません。このことは，ポストに預けられた子どもだけでなく，この世に生を受けたすべての子どもたちについて，強調されなければならないことです。

　なぜ強調する必要があるのかといえば，赤ちゃんや幼児，子どもたちの場合，彼らがまだ心身ともに幼く未成熟であることから，時として大人の身勝手な振る舞いに巻き込まれ，生命の価値を認められず，大切に扱われないという状況

に遭遇しがちだからです。大人であれば，自分の身に危険が迫ったとき，周囲に助けを求めたり，その場から逃れたりという行動をとることができます。しかし子どもの場合は，たとえ生命の危機に直面させられたとしても，大人のようには対処することができません。最悪の場合には，命を落とすことにもなりかねません。

子どもという存在は，生まれてくること・育つことを，周囲の大人たちによって保障されなければならない，**生存権**を保障されなければならない存在なのです。

このことは，昭和22(1947)年に制定された**児童福祉法**の冒頭に，次のように記されています。

> 児童福祉法　第1章　総則
> 第1条　すべて国民は，児童が心身ともに健やかに生まれ，且つ，育成されるよう努めなければならない。
> 　　2．すべて児童は，ひとしくその生活を保障され，愛護されなければならない。
> 第2条　国及び地方公共団体は，児童の保護者とともに，児童を心身ともに健やかに育成する責任を負う。

このように児童福祉が目指していることは，単に子どもが生きていられる状態を保障する，ということではありません。**子どもが衣食住に困らない状態にある**，というだけでなく，**心身ともに健やかに成長し，人間的に生きていくこと全体**を指しているのです。

人間的に生きていくということの中には，生まれてきた子どもが，十分に成長発達をとげるために，適切な家庭環境に置かれることや，家庭の外においても，遊びや学習の場を得ることなどが含まれています[2]。

慈恵病院の実践では，ポストに預けられた子どもの生命を救うことだけに留まらず，ここで命を救われた子どもが，**養子縁組**[3]や**里親制度**[4]によって，適切な養育環境が得られるように取り組みを進めています。

2：子どもの生存権には，将来にわたって人間的に成長・発達する権利を含んでいます。飢餓状態にある子どもには，もちろん食糧や医療が与えられなければなりませんが，単に命を繋ぐという意味だけでは，子どもの権利が保障される，というわけではありません。子どもの生存権には，当然その子どもが将来にわたって人間的に成長・発達する権利をもつ，ということが含まれています（発達権の保障）。

5．親になるということ ―働くことと子育て―

　子どもにとっては，生きること・育つことは，周囲の大人たちによって当然保障されなくてはならない権利です。しかし，子どもについて一番に責任をもたなくてはならない「親」の側にとっては，子どもを授かったら直ちに「親になる」というようにはいかないようです。それはどうしてなのでしょうか。

　私たちが「親になる」とき，二つの側面から準備が必要になります。一つは，生まれてくる子どものために，十分な住環境を整えるための，あるいは保育施設や教育のために必要となる，経済的な側面です。もう一つは，精神的な側面です。幼い子どもとの生活を営んでいくとき，私たちはそれまでのライフスタイルを見直し，子ども中心の生活に変えていくことを受け入れなければなりません。食事の時間，就寝・起床の時間はもちろんのこと，これまで自分の都合のためだけに使ってきた1日の時間を，子どもとの生活のために変える必要が生じます。この生活の変化を受け入れることはしばしば，自分一人だけ，あるいは夫婦二人だけという，大人だけのライフスタイルに慣れてしまった人にとっては，子どもを授かるに当たって，大きな変化であると言えます。

　この経済的・精神的な二つの問題は，実は「働くこと」と大きく関係しています。誰もが安定した職に就き，子どもを育てることができるだけの，安定した収入が得られれば良いのですが，このことが現在，若年の労働層にとって，非常に難しい問題になっています。

　というのも，パートタイマーや短時間労働を含む，非正規雇用という労働状況と関係して，働くことと安定した収入を得ることとが，一致しなくなってきたからです。平成18(2006)年度の労働力調査によれば，正規雇用者は3,340万

3：養子縁組制度は，保護者のいない児童，あるいは家庭に恵まれない児童に対し，温かい家庭的雰囲気の中で健全な育成を図るための制度です。戸籍に養子であることが記載される普通養子と，戸籍には実子として記載され，養子であることが明記されない特別養子とがあります。

4：里親制度とは，家庭での養育に欠ける18歳未満の子どもを，両親に代わって保護養育するための制度です。里親は，児童福祉法第6条3に規定されているように，児童の養育を希望するもので，都道府県知事の登録をうけ，児童相談所によって委託された者がなります。

人，非正規雇用者数は，1,663万人で，全雇用者数の33.2%になっています。このうち，非正規雇用者数の半分が，若年層（15～24歳）によって占められています。非正規雇用の場合，正規雇用に比べて収入が低い傾向にあるほか，数ヵ月単位，年単位での契約によって働き口が安定しません。したがって終身雇用が約束されていた時代のように，現在の安定した仕事の延長上に，職業上の経験・実績が積み上げられていき，そのことによって収入が維持あるいは増加し，安定した生活を営んでいくという，働くことと生活することとの，将来的な見通しが立てにくいといえます。このことは，現在，若い世代の人々が，子どもを授かり・育てること，つまり親になることを積極的には考えにくい状況に置かれていると言えます。

　また一方で，正規雇用の場合，就労時間とライフスタイルの問題があります。子どもを養うのに十分な収入を得ている人は，近年，人件費削減のために，足りなくなった労働力の分を，長時間労働によって補わざるを得なくなっています。このような生活状況では，幼い子どものために時間を捻出することができません。冒頭のアンジャさんも，高収入を得ていながら，というよりはむしろ，高収入を得るだけの職に就いていたからこそ，現在の生活では新生児を育てられないと考え，一度はポストに預けに来たのでした。

　しかし，アンジャさんの場合は，単に就労時間のことだけが問題であったわけではないとも思われます。スイスでレストランの経営をしていたということからも，これまで自分がしてきた仕事上のキャリアを捨てたくない，という葛藤も，十分にあっただろうと思われます。一人の人間の人生にとって，どのような職に就き，どのように収入を得て生きていくのかは，人生の質にかかわる重要な問題です。このことは，とりわけ妊娠・出産を担う**女性が働くことの問題**としてとらえることができます。

　厚生労働省「第1回 21世紀出生児縦断調査」（平成13(2001)年）が指摘するところによると，日本でも，女性の仕事と子育ての両立は依然厳しい状態にあるということです。出産1年前には73.5%が有職であるにもかかわらず，産後6ヵ月後にはわずか32.2%だけが就業を継続しているに過ぎません。**つまり7割の女性は，出産後にそれまでの仕事を離れているのです。**

　このように働くこととの関係から現代社会で「親になる」ことを考察した場

合，経済的・精神的両側面における困難が横たわっているようです。アンジャさんの例もまた，女性が働くことと，親になるということとの間で揺れ動き，赤ちゃんポストに預けた時間は，彼女が母親になることを決意するまでに，必要な考慮時間であったのかも知れません。

6．「多様な家庭」における子育て —「核家族」を越えて—

「親になる」ということには，子どもを授かった時点で自動的に親になれる，ということではなく，一人ひとりの人間にとって，働くことや，生活全般を見直すことの，経済的・精神的な準備が必要であることを前節で考えてみました。このことは，一人ひとりのライフスタイル，つまり，**いつ，だれと，どのような生活を営んでいくか**という問題とも深く結びついています。本節ではライフスタイルと家庭の問題を掘り下げてみましょう。

家族社会学の研究によれば，かつての高度経済成長期の社会では，婚姻関係を結んだ男女が夫婦になり，この間に子どもが生まれ，この3者によって成り立つ**核家族**を，一つの標準的な「家族」とみなしてきたといいます。ここでは，「一家の稼ぎ手としての夫（父）は，その依存する妻や子どもたちのために経済的な支えを提供し，その一方において，妻（母）は，家庭において夫や子どもたちの世話をするという，性別役割分業に基づく夫婦単位制」があるべき家族のかたちとして考えられていました（野々山，2006）。

これに対して現在では，「個人がどのような時期に，だれと結婚し，どのような住居に住み，何人子どもを産んで，どのような生活を営むか，ということが，個人の選択にのみ依存している」状態，つまり，**「ライフスタイルとしての家族」**というとらえ方に転換してきている，と言います（野々山，2006）。それは一体どのような状況なのでしょうか。

たとえばアンジャさんの場合，記事にその詳細は述べられていませんでしたが，妊娠に気がついたとき，父親にあたる男性とパートナーになる，という選択肢はなかったようです。したがって彼女は，出産後も一人で子育てと仕事とを担うことを考えることになりました。

以前の家族に対する考え方からすれば，子どもが生まれてくるに際して，母

親となる女性が結婚を考えないこと，また，そもそも結婚を考えられない相手の子どもを授かることに対して，反社会的な行いであるとか，非道徳的である，というように捉えられていました。このことは，「未婚の母」に対する偏見や差別，ふたり親で子育てすることを標準的とみなし，**ひとり親家庭**[5]を「欠損家族」などと呼んできた背景にも表れています。

しかし，そもそも「家族」とはなんなのでしょうか。「ライフスタイルとしての家族」という言葉がとらえようとしていることは，恋愛関係にあるふたりが法的に婚姻関係を結ぶということだけが，必ずしも「家族」を成立させるのではない，ということにほかなりません。

たとえば，恋愛関係にあっても，結婚はせずに同棲しているカップルもあります。また，男女のカップルではなく，同性同士のカップルもあります。そして，子連れ同士が再婚している場合もあります。あるいは婚姻関係を結んだとしても，互いの意志を尊重し，子どもをつくらない共働きの夫婦，DINKS（double income, no kids）もあります。いずれの場合も，そこでそれぞれの生活が営まれている，かけがえのない「家族」であることに変わりはありません。

このように，個人の自由な選択に基づいた，多様な家族のあり方が認められるようになると，そこで営まれていく子育てのスタイルもまた多様なものになっていくでしょう。

ある一つの基準から「理想の家庭」「理想的な子育て」が導かれてくるのではなく，それぞれの家族形態において，それぞれの子育のスタイルがつくられていくのであり，また尊重されなくてはなりません。

7．「子育て支援政策」と保育所の役割

日本では，**少子化**が社会問題としてクローズアップされて以後，政府が政策

5：「ひとり親家庭（ワンペアレント・ファミリー）」という言葉は，「ふたり親家庭」と対等に位置づけようとすることからできてきた言葉で，日本で使用されるようになったのは1980年代に入ってからでした。当初「ひとり親家庭」は，母子家庭問題として焦点が当てられてきました。父子家庭に注目が集まるようになってきたのは高度経済成長以降の家庭変容によってでした。それまでなら親族による養育によって担われてきた部分が，核家族化によって，社会的支援を必要とするようになっていったからです。

として「子育て支援」を打ち出すようになりました。平成6(1994)年の「エンゼルプラン」がその端緒としてあげられます。このプランは、厚生・文部・労働・建設4大臣の合意のもとに、以下三つの視点に基づき策定されました。

エンゼルプラン（平成7(1995)～平成11(1999)年）の概要
① 子どもを持ちたいと思う人が、安心して生み育てることができる環境づくり
② 家庭における子育てを支援するための社会的な協力体制の整備
③ 子どもの最善の利益の尊重を目指した子育て支援施策

以後平成12(2000)～平成16(2004)年までは新エンゼルプランに引き継がれました。その後、平成17(2005)年から平成21(2009)年の実施計画としては、**子ども・子育て応援プラン**が以下三つの新しい視点を盛り込み、策定されました。

子ども・子育て応援プラン（平成17(2005)～平成21(2009)年）の概要
① 若者の自立や働き方の見直しを視野に入れた具体的な目標の設置
② 子どもを生み、育てやすい社会のために、10年後展望した「目指すべき社会」の提示
③ 全国の市町村における行動の推進を支援

　子育て支援政策が推進された結果、とりわけ保育所には、働く保護者の代わりに日中の保育を受けもつという従来のような役割に留まらず、多様な家庭における地域の子育てを支援する場としての機能が期待されるようになってきました。その結果、在宅保育を営んでいる家庭の子どもに対する一時的な預かり保育や、地域の子育て相談などの対応も行うようになりました。

　そのほかにも、さまざまな労働形態をもつ保護者にも対応できるように、延長保育や夜間・休日の保育活動も求められるようになりました。多様な要求に応えながら、保育の質をどのように維持していくのかが、今後の課題として残されています。

8．子育て支援のあり方

　多様な家庭における、それぞれの子育てのスタイルを尊重することから、子育ての社会的・制度的な支援が始まります。そうでなければ、子育て支援は、

親子の生活のプライバシーや自由な選択を尊重するという視点を欠いた，一時的な援助に留まってしまうことでしょう。

　親は確かに，子どもの育ちに関して一番の責任を負うことになります。そして，どのような生活状況の中で，いつ，子どもを授かり，だれと養育していくのか。このこと自体は，ごくプライベートな問題に属していると考えられます。しかしその一方で，子どもの養育に関する経済的・精神的な問題のすべてを，親の自己責任であるかのようにみなし，個々人による解決を求めるのは難しいと思います。一人の人間の命を預かり，育てていくという仕事は，一人あるいは二人の親だけでは到底担いきれない大きな仕事です。

　冒頭に紹介したドイツの赤ちゃんポストのスタッフ，ライラさんは，当初アンジャさんから託されたツォアちゃんの養育に当たっていました。しかし後に，スイスの職場までアンジャさんの説得に向かいます。ライラさんはこの時，ツォアちゃんの現在と未来にとっての最善は何かを考え，親子の関係だけでは解決できなかった問題に乗り出したのです。それは，この母子が一緒に暮らすということであり，そのためにライラさんも支援者として共に考えていく，ということであったのでしょう。そしてこのライラさんの援助の一歩は，何よりもツォアちゃんの将来にとって決定的となりました。アンジャさんは娘を再び引き取り，新しい生活を始めることを決心したからです。

　いつでもこの事例のように，支援者の説得によって劇的に事態が進展する，とは限りません。しかしこの例は，家庭でできない部分を社会的なサポートによって補う，という支援のあり方よりも，親子のより良い暮らしにつなげていくことを目指した子育て支援のあり方を提示しています。つまり，ポストの制度は，単に「育てきれない子を預けていく」ための施設なのではなく，「どうしたら育てていけるのか」を，親と共に模索しようとする支援のあり方なのではないでしょうか。

　今後保育所・保育士に期待される役割もまた，かつてのように家庭で保育できない時間を保育所で預かる，というものではなく，家庭での保育と共にある，子育てのパートナーとしての役割になってきています。

演習問題

A. 「赤ちゃんポスト」について，賛成・反対双方の意見を検討した上で，あなたの意見を述べてください。
B. あなたが現在，あるいは近い将来「親になる」ことを想定してみてください。労働環境，経済的な問題，そして保育所などの子育て支援機関を含め，どのような支援が必要になると思いますか。具体的に考えてみましょう。
C. 現在あなたの住む地域では，どのような地域子育て支援を行っているのか調べてみましょう。

4章 「遺伝と環境」と教育

　「わたし」や「あなた」の特徴がつくられたのは，遺伝のせいか，環境のせいか，という疑問は，古くからの関心事でした。そして，教育は「遺伝と環境」にどのようにかかわるか，という問題も追究され続けてきました。

　本章では，それらの知見をふまえながらも，教育が「遺伝と環境」にかかわるときの前提——私が何を「望ましい」人間の特徴と考えるかという「価値観」や，その「望ましさ」を実現するために，子どもにどこまで操作介入してよいのかというルール——に注目します。そこには，ただ一つの正解はなく，私たちが考え，つくっていかなければなりません。

1．「遺伝」か「環境」か

（1）「わたし」の特徴はどうしてつくられるのか

　人は皆違います。顔も，体格も，健康状態も，性格も，才能も，まちまちです。そうかと思うと，姿かたちがそっくりの双子がいます。性格や才能もそっくり，好みもそっくりで，結婚相手まで双子を選んだりする例もあります。そんなそっくりな双子でも，完全に同じ人間ではありえません。必ずどこかに違いがあります。

　遺伝子の構造がまったく同じの「一卵性双生児」は，遺伝子の構造が異なる「二卵性双生児」に比べると，より多くの共通点があります。つまり，一卵性双生児の二人が似ている特徴を形成しているのは，「遺伝」の力が大きいと考えられます。その一方で，一卵性双生児でも，異なる特徴をもっているのは，「環境」の力が大きいと考えられます。

　それでは，「わたし」をはじめ，人間の特徴が形成されるには，遺伝と環境のどちらの力が大きいのでしょうか。このような興味関心は，古くから人々に

抱きつづけられてきました。日本の諺(ことわざ)の中にも,「遺伝と環境」にまつわるものが多く残されています。「蛙の子は蛙」「瓜の蔓(つる)に茄子(なすび)はならぬ」などは,遺伝の力を重視したもの。一方,「氏より育ち」「朱に交われば赤くなる」などは,環境の力を重視したものと言えるでしょう。

(2) 遺伝の力を重視する説

　遺伝か環境かという問いは,学問の世界でも,盛んに論争されてきました。
　個人の特徴は,遺伝によって決定されるとする**遺伝説**を主張した代表といえば,ダーウィン(Darwin,C., 1809-1882)の甥にあたる,ゴールトン(Galton,F., 1822-1911)です。彼は,人間の才能がどの程度遺伝によるのかを明らかにしようとしました。そこで,現代の目から見ると粗雑な統計学的手法でしたが,家系に関する資料を集めて,個人の優秀さは遺伝によって決定される,と主張しました。
　ゴールトンは,**優生学**(eugenics)の創始者としても知られています。優生学とは,その名の通り,「優れた生命」をいかにこの世に誕生させるか,を追究する学問のことです。ゴールトンは,自己の遺伝説に基づきながら,「良い血」をかけあわせる一方で,「悪い血」を根絶していくことで,それを実現しようとしました。しかし,この優生学は,ドイツ民族の優越性を信じたヒトラー(Hitler,A., 1889-1945)によって,ドイツ民族の「良い血」を汚すという理由で,ユダヤ人の大量虐殺などに利用されてしまいました[1]。このように,あまりにも極端な遺伝説は,人種差別や男女差別をはらむ危うさをもっています。

(3) 環境の力を重視する説

　一方,個人の特徴は,環境によって決定されるとする**環境説**を主張した代表と言えば,ロック(Locke,J., 1632-1704)でしょう。ロックは,生まれたばかりの赤ん坊の心を,「タブラ・ラサtabula rasa(白紙)」と想定しました

1:ナチス政府は,ドイツ民族の「血を汚す」ような「低価値者」を減らすために,「遺伝性疾患」者や,「精神病」患者に対しても,強制的不妊手術や,虐殺を実施しました(米本他, 2000)。

(p.7, 52も参照)。そして，人間は，自分をとりまく環境からの刺激を経験することによって，その「白紙」に「個性」が書き込まれていくと考えました。

このような環境説を引き継いだ，心理学者のワトソン（Watson, J., 1878-1958）は，「私に1ダースの赤ん坊を与えてくれれば，私がその子を訓練して，医者，法律家，芸術家，泥棒にさえも，きっとしてみせよう」と断言しました。

（4） 遺伝と環境の相互作用説

現在では，このような極端な遺伝説や環境説が語られることは，ほとんどありません。みなさんも，保育や教育にかかわる中で，子どもの発達には，遺伝と環境の両方の力がかかわりあっている，と感じていることでしょう。

子どもの発達をめぐって，19世紀末以降，「遺伝と環境が，人間の発達にどう影響するか」という論争が，長い間繰り広げられてきました。そのなかで，大きなはたらきをしたのが，ピアジェ（Piafet, J., 1896-1980）です。第二次世界大戦後，ピアジェは，発達心理学の観点から，遺伝と環境の**「相互作用」説**を唱えました[2]。人間が発達する段階は，どの子どもの中にも，共通の「構造」としてあらかじめそなわっている。だけれど，その発達段階に達する年齢は，一人ひとりがおかれた環境によって左右されるのだ，というのです。ピアジェの発達観は，その後の心理学や教育学に，多大な影響を与えました。

さらに，近年の発達心理学においては，「こういう環境を与えれば，子どもはこう発達する」というように，子どもを単に「受け身の存在」としてはとらえません。子ども自身が，主体的に，環境を選んだり，環境を変化させたりするような，「遺伝と環境」と「子どもの主体性」との関係が注目されています[3]。

このように，「遺伝と環境」を考えるうえでは，さまざまな説があります。しかし，本章では，どの考え方が正しいのか，を追究することはしません。そ

2：ほかにも，子どもの発達に関する遺伝と環境の「相互作用」を唱えたものとして，シュテルン（Stern, W., 1871-1938）の「輻輳（ふくそう）」説があります。彼は，精神の発達は，遺伝と環境の「和」によって生ずる（輻輳という）と考えました。つまり，人間の発達に不可欠な要素である遺伝と環境を，どちらがどれくらいの「程度」で，影響を及ぼしあっているか，ととらえようとしたのです。

うではなく，個人差を「遺伝と環境」によって説明することが，どういう意味をもつのか。そして，教育は，「遺伝と環境」にどのようにかかわっていくのか，ということを，みなさんと一緒に考えていきたいと思います。

2．教育が操作するもの

(1) 教育は要るか要らないか

「遺伝か環境か」という問題は，「教育は要るのか？ 要らないのか？」という問題と，しばしば結びつけられます。

環境を重視する立場を徹底すると，教育次第で人間を自由自在につくりあげられるような，教育万能論になります。遺伝を重視する立場を徹底すると，どういう人間になるかは，生まれたときからあらかじめ決まっている，だから余計な教育は無駄なのだ，という教育不要論になります。「遺伝も環境も」という立場は，「中立的」にみえるけれども，どちらをどの程度重視するかが，厳しく問われることになります。

戦後，主流となった「遺伝も環境も」の立場からは，人間にあらかじめそなわっている発達する力を，最大に引き出すには，適切な時期に，適切な教育を与えることが重要だ，という主張が導かれました。たとえば，アメリカでは，1960年代に，白人の子どもとマイノリティ[4]の子どもの間の，学力格差が問題となりました。そして，これを解消するために，マイノリティの子どもたちに，早い時期からの幼児教育をほどこそうという計画が実施されました。これを，**ヘッドスタート計画**といいます[5]。

しかし，このような教育を重視する改革は，十分な成果をあげることができませんでした。すると，遺伝を重視する立場が，一部で勢いを得るようになり

3：たとえば，ヴィゴツキー（Vygotsky, L., 1896-1934）は，遺伝と環境の相互作用は，両者の間で直接，機械的に行われるものではなく，歴史的，社会的文脈の中に置かれている個人が，主体的に新たな環境世界をつくりあげる過程としてとらえました。このような考え方は，子どもの発達が，仲間や共同体などの社会への参加を通して「つくり出される」，新しい発達観を導いたと言われています。

4：一つの単位として認められる社会の内部で，民族・文化・人種・言語・宗教などの領域における差異を根拠に，政治・経済・社会などの面で不利な立場に置かれている人々のこと。

ました。1990年代に書かれた，ヘアンスタインとマレーの『ベル・カーブ』という本は，遺伝の力を強調し，全米で大きな議論を呼びました。彼らは，白人の知能と，黒人の知能との格差は遺伝的なもので，これを解消するための教育投資は無駄であることを主張したのです。しかし，彼らの検証の不十分さや論証の危うさについて，数多くの批判が湧き起こりました。

「遺伝か環境か」という問題は，政治的な対立もあって，なかなか決着がつかない議論です。しかし，この議論の中では，しばしば，「遺伝」とか「環境」とか「教育」という言葉が指す内容を曖昧にしたままに，「遺伝と環境」と教育との関係が語られているようです。それぞれの言葉の内容を吟味することで，少なくとも，「教育は必要か不要か」というラフな二者択一とは違う考え方をできるようになるかもしれません。

（2） 教育が操作する「環境」とは

まずは，教育の守備範囲ととらえられている「環境」について，みてみましょう。

「環境」と一言で言っても，子どもがもつ周囲の人々との人間関係（ミクロレベルの環境）もあれば，その子どもが通う学校環境や，住んでいる地域の環境もあるし，そのような環境に影響を与える，国の制度も一種の環境です。さらには，その社会に浸透している価値観や信念（マクロレベルの環境）も，子どもに影響を与える環境といえます。そして，これらの環境は密接に関連しあっています（菅原, 2003）。

「教育」として操作できる「環境」とは，どんな空間で，どんな先生が，どんな教材で，どんな教え方をするか，というものに限りません。教育は，子ど

5：ヘッドスタート計画とは，アメリカ政府によって，3歳から5歳の就学前児童を対象として1965年から開始された，補償教育事業のことです。1960年代に「教育の機会均等」などを盛り込んだ公民権法が成立し，白人とマイノリティ間の子どもの学力格差を解消しようという動きがでてきました。そこで，マイノリティの子どもたちが，就学後も学校教育についていけるように，就学前の段階で，社会的・知的・情緒的発達を促そうとしました。具体的には，教育的援助，栄養・医療サービス，ソーシャルワーカーによる保護者への指導・助言などが行なわれました。しかし，家庭環境の改善に限界があることや，初等教育入学後のフォローアップが困難であることなどから，成功しませんでした。

もの人間関係に介入することもできるし，価値観や信念を形成することもできるのです。言い換えれば，「これは教育の一環です」といえば，ミクロからマクロまで，あらゆるレベルの「環境」を操作することが可能だということです。教育が，どの「環境」を操作するのかを明示しなければ，教育と環境との関係は明らかにはなりません。

（3） 教育と「遺伝」

「教育は必要か不要か」という二者択一が出てくるのは，教育は先に述べたような「環境」を操作するもので，「遺伝」にはかかわれない，と考えるからでしょう。だから，「遺伝が重要だ」と言われると，「教育は重要でない」と言われているのと同じことだと思われてしまうのかもしれません。しかしはたしてそうでしょうか。

「遺伝」については，近年，人間の遺伝子型（遺伝子に組み込まれた個人差情報）がどんどん解明されています。どの遺伝子が，どのような人間の特徴を表現させるか，ということが明らかになりつつあるのです。しかし，研究がすすめられるにつれ，同じ遺伝子型をもっている人が皆，同じ特徴を表現するとは限らないことがわかってきました。「環境」によって，遺伝子型が，その人の特徴として表現されたり，表現されなかったりするのです（安藤，2000）。そうだとすれば，「望ましい」遺伝子型がより表現されるような，あるいは「望ましくない」遺伝子型が表現されないような，「環境」を整えていくことは，「教育」として可能です。

さらには，子どもがどのような傾向の性格で，どのような能力に秀でているのか，ということが遺伝子レベルでわかるにようになれば，子どもの「遺伝子情報」をもとに，その子にふさわしい「教育」を与えることが可能になるかもしれません。これこそが，究極の「個性尊重教育」だと言う人がいるかもしれません。

これらの考え方の延長線には，「だったら遺伝子そのものを，"望ましい"ものに配列しなおせばよい」という，**「遺伝子操作」**にゆきつく可能性もあります。環境操作と遺伝子操作をダブルでおこなえば，さらに「望ましい」子どもの発達が実現されるはずです。まだSFの域を出ていませんが，近い将来，親

の望みどおりの子ども（パーフェクトチャイルド）をつくりだすことができるようになるとも言われています。

このように，「遺伝と環境」の関係は，密接に，かつ複雑にからまりあっていて，両者を切り離して考えることが難しくなっているといえます。そして，遺伝子の解明が急速に進んでいる中，教育は不要になるのではなく，遺伝子型を表現させたり，表現させなかったり，遺伝子情報が有効に活用されるための，重要な役割を期待されることでしょう。教育は，「環境」のことだけを考えているだけではすまなくなってきていて，「遺伝」とどうつきあっていくか，が問われているのです。

3．「教育する」前に考える

（1） 何のために「教育する」のか

ここまでは，教育が，「遺伝と環境」の「何に」かかわるのか，ということをみてきました。しかし，そもそも，教育は，「何のために」行うものなのでしょうか。

たとえば，親が，自分の子どもを優れた人にしたいという，個人的な欲望を満たすことが目的の教育もあるでしょう。あるいは，アメリカのヘッドスタート計画のように，政府が，白人とマイノリティの「平等」を目的とする教育もあるでしょう。また，「平等」といっても，知能や学力を平等にするのか，それとも別の能力を平等にするのか，つまり，「何が望ましい能力か」という問題もでてきます。そもそも，どういう状態が「平等」と呼べるのか，という問題もあります。いやいや，国力を強化するためには，「平等」ではなく，「エリート養成」を目指すべきだ，という考え方だってあるでしょう。

つまり，教育とは，「教育をしよう」と考える個人や集団が，「何を重視するか」という，「価値観」と切り離すことができないのです。

（2） どこまで「教育する」のか

「価値観」によって定められた目的に向かって，子どもに「どこまで」操作介入するかということも，考えなければなりません。

たとえば，あなたが，教育者として，「子どものよりよい発達」を心から願い，そのための援助を惜しまないことを教育者の使命として抱いているとします。あなたは，その目的に向かって，子どもをとりまくさまざまな環境にどこまで操作介入していくのでしょう。教室を飛び出して，地域の教育環境の改善に取り組むかもしれません。親の養育態度に疑問を抱き，「教育的」提言をするかもしれません。あるいは，子どもの遺伝に関する情報があれば，もっとよい教育を提供できると考え，遺伝子情報を手に入れようとするかもしれません。遺伝子操作をすれば，さらに子どもが「望ましい」発達を実現していってくれるのなら，遺伝子操作に賛成するかもしれません。
　ここで再び，そもそも操作介入の前提となっている「望ましい」発達とは何か，というあなたの価値観が問われます。子どもの能力が順調に高まること？子どもが親や教育者にとって扱いやすい子になること？　社会にとって有用な人になること？
　教育が何のために行われ，どこまで子どもに操作介入するかについての「正解」や，明快な「線引き」はありません。だからこそ，教育にかかわる者は，慎重にそのことを考え続けなければなりません。遺伝子操作という新たな問題をつきつけられれば，なおさらです。

（3）　教育の可能性と限界

　「遺伝子操作」ときくと，なんだか生命を冒涜するような気がして，反対する人が多いかもしれません。目の前で観察される個々人の間の差異を，「生まれつきのせい」と決めつけてしまうような，乱暴な見方に陥らないようにすることは重要です。**生命倫理**という観点からも，遺伝子操作の是非は重要な論点となっています。
　一方で，私たちは，遺伝子操作に比べると，環境の操作に対しては，慎重さを欠いているのではないでしょうか。「子どものためなら，なんでもオッケー」というように。しかし，遺伝子についての確かな知識と技術が積み重ねられたり，遺伝と環境を切り離して考えることが難しくなってきている中，「子どものためなら，なんでもオッケー」の範囲を「環境」だけに限定することは難しくなっているといえるでしょう。子どもに「望ましい」環境を与えるためには，

遺伝子情報が必要だったり，子どもの「望ましい」発達のためには，遺伝子操作が有効だとしたら，そこに「希望」を見出す人がいてもおかしくありません。

これまでみてきたように，「遺伝と環境」の関係については，古くからの関心事で，「遺伝と環境」を操作するための膨大な知識と技術が積み上げられてきました。これらの知識と技術を目の前にして，私たちに問われているのは，「誰が」「何のために」「どこまで」，これらの知識と技術を用いて，個人の「生命のありよう」に介入していくのか，ということです。遺伝の操作であろうと，環境の操作であろうと，この問題は共有しているのです。「遺伝子操作はダメだけど，環境の操作はオッケー」という説明ではすまされないのです。

そして，「遺伝と環境」にどうしようもなく関係してしまう「教育」は，「生命のありよう」にかかわる「生命観」と切り離せない営みなのです。

「遺伝と環境」，そして教育との関係は，「教育は必要か不要か」という，教育の有効性を問うことだけに収まらない問題です。それは，教育において，「誰が」「何を」「何のために」「どこまで操作するのか」をめぐる，具体的な制度やルールについての原理にかかわる問題です。

だから，私たちは人間観や社会観，生命観をもたえず研ぎすませていかなければなりません。そして具体的な制度やルールの議論の中で，「教育は何ができて，何ができないのか」という問題のみならず，「教育は何をすべきで，何をすべきでないのか」という問題をも含む，**教育の可能性と限界**とを見定めていく必要があるのです。

　　　本章の最後，仮想の話に少しおつきあいください。
　　　20XX年，A地域とB地域の住民の，教育に関する統計をとりました。その結果，B地域の住民は，A地域の住民に比べて，学校の成績も，知能も，かなりの程度で劣っているという結果が出ました。また，大学進学率も低く，所得にも大きな格差があることもわかりました。そこで，この格差を是正し，A地域とB地域の住民の「平等」を実現するために，次のようないくつかの対策が思案されました。一つ付け加えておくと，20XX年には，学校の成績や知能の高低をはじめとした，あらゆる能力についての，遺伝子型が解明されており，また，「正当な目的」があれば，「遺伝子操作」が許されています。
　　　［対策１］B地域の住民にのみ，幼児の段階から，特別な教育を与える（ヘッ

ドスタート計画）。

［対策2］B地域の住民にのみ，胎児の段階から，「よい環境」を与えるようにする。たとえば，胎教，母親の栄養状態，健康状態の向上など。

［対策3］B地域の住民にのみ，親を指導し，親の教育力を高める。たとえば，しつけやコミュニケーションの方法，言葉遣い，テレビの視聴，食生活などについての指導。

［対策4］B地域の住民のうち，子どもに「よい環境」を与えられない者には，子どもを生まないように指導する。

［対策5］B地域の住民のうち，「遺伝的に問題がある」者には，子どもを生まないように指導する。

［対策6］B地域全体の教育環境を整備する。たとえば，教育資金の援助，学校設備の改善，子どもが安心・安全に成長できる街づくり対策（遊び場所の整備，監視カメラの設置など）。

［対策7］B地域の住民の大学進学率を高めるため，遺伝的に優秀な子どもを選別し，彼らに特別な教育を与え，大学合格率を高める。

［対策8］B地域の住民全体の知能を高めるため，一人ひとりの遺伝子型を調べ，その遺伝子型に適した教育を施す。

［対策9］B地域の住民全体の知能を高めるため，一人ひとりの遺伝子型を調べ，遺伝子操作をする。

［対策10］そもそも，A地域とB地域を，知能の格差や，大学進学率で比較し，「不平等」と騒ぎ立てることがナンセンスである。B地域の住民の「個性」を重視し，「個性尊重」の教育をすればよい。

［対策11］B地域の住民の「個性」をより効率的に伸ばすために，一人ひとりの遺伝子型を調べ，それに適した「個性尊重」教育をほどこす。

［対策12］B地域の住民の「個性」がより豊かになるように，「望ましい個性」をもって生まれてくるように，遺伝子操作をする。

［対策13］結局は，A地域とB地域の「所得格差」が，最終的には問題なのであるから，教育でどうにかするよりも，B地域の住民に経済的援助をする。

　さて，あなたは，どの対策になら賛成し，どの対策には反対しますか。あるいは，どの対策もダメで，もっと別の対策が必要だと考えますか。もしかしたら，A地域とB地域の「平等」を目指すこと自体に，疑問を感じたかもしれませんね。

演習問題

A. 遺伝説，環境説，相互作用説，その他の「遺伝と環境」に関する説について，具体的にどういう思想家がいるのか，もっと調べてみてください。そして，彼らが，どういう教育論を展開しているかも，調べてみてください。

B. 45ページの仮想の話に示した対策について，あなたはどう考えますか。どれに賛成で，どれに反対ですか。別の対策が必要ですか。その理由も示してください。

C. 「遺伝と環境」に関する知識と技術は，教育にかかわる者にとって，必要だと考えますか。それはなぜですか。

5章 教える思想・学ぶ思想1

　皆さんが実践の場に立ったとき，子どもたちに対して，どのようにかかわっていけばよいのか，立ち止まって考える事があるでしょう。とりわけ「遊び」という，子どもたちが自由な活動をしている場合，大人からの声のかけ方，働きかけ方一つで，子どもたちの意識や発達を促すことにつながることも多いのです。しかし，いつでも教師や保育者が先回りして援助していると，今度は子どもたちの自立心が育ちません。これから学ぶ西洋の教育思想では，子どもの活動に対して大人がどのようにかかわっていくべきかについての思索を繰り返してきました。この思索の道のりに触れることで，今日の活動への反省，そして明日の実践への糧につなげていきましょう。

1．「子どもの活動」と「大人からの働きかけ」

　日々の保育・教育実践は，「子どもの活動」へのかかわりの連続から成り立っている，ということができます。保育者や教師は，遊び・学びを含む日常的な子どもの活動にかかわりながら，「今自分はどのようにかかわるべきなのだろうか」あるいは「自分の働きかけはこれで良かったのだろうか」と，繰り返し反省し，時には悩むことも出てくると思います。実はこの「子どもの活動に大人はどのように働きかけるべきか」という問いは，教育という営みにとって古くからある，正解の出ない深く大きな問いでもあるのです。

　これから学ぶ西洋の教育に関する考察の歴史は，この問題を数百年にわたって考え続けてきたといえます。この長い思索の道のりを知ることによって，現代の私たちもまた，日々の行動やものの見方，考え方に大きな手掛かりを得ることができると思います。

　以下，保育園で起こった小さなエピソードを手掛かりに考えていくことにし

ましょう。

〈事 例〉

> 私が保育所に勤務していたとき，こんなことがありました。ある寒い冬の日の午後，子どもたちが午睡から覚めると，園庭いっぱいに真っ白な雪が積もっていたのです。子どもたちは大喜びで，パジャマを着替えるやいなや，庭へ飛んでいきました。私はその様子を窓から眺めながら，小さな子どもの着替えを手伝っていました。お兄さん，お姉さんたちの楽しそうな歓声に誘われて，年少さんも早く着替えを済ませたくてソワソワしています。園庭へは別の先生が出て，年長さんたちと遊び始めました。絵の具を出してきて，赤や黄，緑を溶いて，それを器に盛りあげた雪の上にかけています。どうやら「かき氷屋さんごっこ」が始まったようです。白い雪の上にかけた色鮮やかな絵の具の色が，本物のかき氷のようで，いかにも美味しそうです。これをトレーの上に載せ，銀のスプーンまでそえて売っています。
> 　小さな子どもたちの着替えをみんな終わらせ，園庭へ送り出した私は，お布団の始末を始めました。と，そのうち，「きゃあー，大変！」という園庭の先生の声が聞こえ，「うあーん」という泣き声が上がりました。急いで外へ出てみると，2歳児クラスのトモちゃんが，口の周りを真っ赤にして泣いています。すわ，一大事，と駆け寄ってお口の中を調べてみると，それは口内の裂傷による出血ではなく，赤絵の具だったのです。そう，トモちゃんは年長さんたちの「かき氷屋さん」から氷イチゴを買って，「食べるフリ」に留まらず，本当に食べてしまったようです。

2．「活動」への二つの働きかけ ―積極的か，消極的か―

　この時は，もちろんすぐにトモちゃんの口を濯いで事なきを得たのですが，しかし，このトモちゃんの一件に際しては，異なる二つの働きかけの可能性があったように思います。

　その一つめとして，トモちゃんが赤絵の具を口に運ぶような危険が起こらないように，保育者が配慮する，という可能性があります。この場合保育者は，子どもを遊ばせる時に，子どもが失敗したり危険にさらされたりするリスクをできるだけ抑えるように，やや先回りした配慮をする必要があります。このや

り方を進めていくと，子どもの活動にそのつど指示を与え，何らかのかたちで導いていくことになり，**大人や保育者は，子どもに何を経験させ，何を経験させないか，という基準をあらかじめ設定して，子どもの活動に積極的に介入していくことになります**（積極的教育）。

これに対して，二つめとして**子どもたちの遊びや活動の成り行きに，経験する事柄それ自体を委ねてしまう**という可能性もあります。このエピソードでは，トモちゃんがちょっとまずいものを口に入れて，びっくりして泣いてしまったりもしましたが，それが大きな怪我につながったわけではありませんでした。それよりも，この活動には，雪の日に外で遊ぶこと，年長さんたちのごっこ遊びにヨチヨチと参加していくことという，トモちゃんにとって初めての経験が含まれています。一方で年長さんにしてみれば，自分たちより小さな子どもを遊びの輪の中に迎え入れることになりました。その結果，幼い子どもの失敗を笑ったり，心配したりするという経験が蓄えられることになったのです。

このように，子どもの活動そのものに，何かしら意味のあるような，豊かな経験をするチャンスがある，と考えた場合，大人から子どもの活動への働きかけは，ごく消極的なものに留めようとする考え方があります（消極的教育）。

3．「教育」を成り立たせるもの

子どもの活動に対して積極的に働きかけるべきか，あるいは消極的に働きかけるだけに留めるべきか。どちらの態度にもそれぞれ一理あるように思われます。そうです，教育にはどちらも必要なのです。**カント（Kant, I., 1724-1804）**は『教育学』という本の冒頭で，このことを明確にしました。つまり，人間には，二つの教育が必要だというのです。一つは**子ども自身が育つ力に委ねて，大人たちはこれを静かに見守り，保護養育するだけに留める消極的な教育**です。二つめには，しつけや学習のように，**大人が指導訓練する必要のある積極的な教育**です[1]。子どもの自由に委ねているだけでは身に付かないさまざまな事柄を，積極的に指導し，繰り返し訓練させる必要が，一方ではあるのだといいます。

カントのこの主張は，教育という営みがもつ本質的な問題を鋭くとらえてい

る,ということができるでしょう。というのもこれからみていくさまざまな教育思想においてもまた,積極的と消極的,二つの働きかけのあり方を繰り返し問い直すことによって発展しているからです。

4．積極的な働きかけ ―子どもの「経験」へと働きかける―

子どもの活動を積極的に指導し,働きかけていくことを主張した,積極的教育の代表者が**ロック**(Locke, J., 1632-1704)です[2]。なぜロックがこのように考えたかというと,人間の「知識」に関する独自の考察があったからです。

およそ**プラトン**(Platon, B.C. 427-B.C.347)から**デカルト**(Descartes, R., 1596-1650)まで,西洋では「**知識**」というのは「**人間に生まれながらに備わっているもの**」と考えられてきました(**生得観念説**)。しかしロックはこれに疑念を抱きます。もし知識が人に生得的に備わっているのだとしたら,人は生まれながらに「やってよいこと」「いけないこと」を,つまり道徳を知っていることになります。しかし実際には,この道徳的な基準は,いつでも,どこでも同じという風にはできていません。ということは,私たちは,道徳的な基準を備えて生まれてきているのではなく,何らの知識ももたない,いわば**白紙の状態(タブラ・ラサ)**として生まれてきていたのではないでしょうか(p.7参照)。そして生まれてから後に「経験を重ねていくことで」,「善いこと」「悪いこと」を始めとするさまざまな「知識を獲得してきた」のではないか,と結論したのです[3]。

1：カントはドイツに生まれた啓蒙主義思想家で,全ヨーロッパの哲学に対して非常に大きな影響を与えました。『教育学』という本の冒頭では,「人間とは教育が必要な唯一の被造物である」と述べ,その教育とは,保護養育的なものと指導訓練的なものとの二つから成立している,と述べています。

2：ロックはピューリタン革命や共和国の成立,名誉革命など,政治的変革の大きい17世紀イギリスを生きた思想家でした。物事の価値観が大きく変わっていく時代を生きたロックは,古いスコラ哲学的世界観に疑いをもち,新しい科学的知識に基づいたものの見方を打ち立てていきました。そのうちの一つに,経験論(empiricism)があります。

3：ロックがこのように,人間の知性が生得的に与えられたものではなく,感覚を通して得られた経験を源泉にしていると論じ,生得観念説を否定したのは,主著『人間知性論』(1690)においてでした。

「経験すること」を重要視したロックのこのような考え方は**経験論**と呼ばれています。経験論の立場に立つと，知識や習慣は，経験を通じて培われてくることになるので**子どもにいつ，どのような経験をさせるべきか**，が重要な教育の課題となります。そこでロックは1693年に『**教育に関する考察**』という書物の中で，その具体的な方法を示しました。

「**生まれてから後にどのような経験をしてどのような習慣を身につけていくかは，すべて教育によってつくられる**」ものであるとするロックの教育論では，どのように習慣づけるか，が問題となります。これまでの教育方法では，このことに十分な注意を払ってはおらず，子どもを呼びつけて，机の前に座らせ，間違えると鞭で打ったりしていたのです。このようなやり方では，学習は子どもにとっていつでも強制させられる，苦痛なものとして印象づけられてしまいます。

これに対してロックは，学習を強制されてやらされている，という印象を子どもに与えてはならないといいます。たとえば文字の学習には，アルファベットが書いてあるカルタのようなものを利用したりして，遊びやゲームの要素を取り入れることを提案しています。というのも子どもは遊んでいる時には，強制されているのではなく，自由であり，だからこそ楽しい気分に満たされています。したがって遊びがもつこの原理を利用すれば，学習という活動もまた，いつでも喜ばしい活動として子どもたちに習慣づけることができるというのです。

このようにロックの教育論では，子どもがいつ，どのような経験を通してどのような習慣を身につけるべきかについて，大人があらかじめ明確な目標を設定し，働きかけることを説いています。このことは，「**10人中9人までは教育によって良くも悪くもなる**」という，遺伝や生得的な何かではなく，教育が人をつくるのだというロックの教育観をよくあらわしていると思います。

5．消極的な働きかけ —「子どもの自然」に委ねる教育—

ロックは経験することが知識を養う源泉になると考えたので，大人は子どもの経験する事柄に注意を払い，これに積極的に働きかけていくことを主張しま

した。これに対して**ルソー**（Rousseau, J.J., 1712-1778）は，子どもが経験する事柄を何らかのかたちで導いたり，大人が積極的に働きかけたりすることを反対しました。というのもルソーには，「**万物をつくる者の手を離れるときすべては善いものであるが，人間の手にうつるとすべてが悪くなる**」という，自然状態を理想とし，人為によるものを悪とする考え方が根本にあったからです[4]。したがってルソーの教育論は，子ども自身の内側から育ってくる自然な成長に委ね，大人は外部の悪い影響を防いでやればよいとする，消極的教育の代表です。

ルソーの教育論は，1762年，家庭教師である「私」が「エミール」という名前の男の子を育てていくという小説『**エミール　または教育について**』にまとめられました[5]。この本の序文には次のようにあります。「**人はいつも子どもを大人に近づけることばかりに夢中になっていて，大人になるまでの子どもの状態がどのようなものであるかを考えてみようとはしない**」。

ルソーによれば，ロックを始めとするこれまでの教育論では，子どもが大人になるまでにどのような知識を身につけておくべきか，という観点からばかり教育を考えている，というのです。これに対してルソーの教育論では，子どもが一体何を学びたいと考えているのか，から出発していきます。教師の役割は，子どもの内から生じてくる自然な活動や欲求をよく観察し，これを援助することだというのです。

たとえばルソーは『エミール』の中で，ようやく歩き回れるようになった子どもに対して，大人たちは，怪我をしないように注意する必要はないというのです。たとえ転んで鼻血を出したり，指を切ったりしても，心配して駆け寄ったり，慰めたりしません。そのような配慮をするよりも，動き回り始めた子どもに必要なのは，動き回るのに適した場所を用意してやることだ，とルソーは言います。それは舗装された道路ではなく，野原です。そしてそこでは子ども

4： ルソーがこのように考えるようになった背景には，当時の絶対王政下にあったフランス社会に対する批判がありました。封建的な身分制度社会がもつ矛盾が，本来生まれたときは善良であった人間を，邪悪なものにしてしまうのだ，とルソーは考えました。人々の間にある不平等の起源は何か，を考えたのは『人間不平等起源論』（1754）においてでした。

5： 『エミール』は誕生から2歳頃までの第1期，2歳から12歳頃までの第2期，12歳から15歳までの第3期，15歳から結婚までの第4・5期から成立しています。

が「1日に100回転んでもいいのです。それは結構なことなのです。それだけ早く起きあがることを学ぶことになるのですから」。

こうしてルソーは，大人が配慮しなければならない事柄の焦点を，環境へと移すように促しています。つまり，子どもの身に生じる事柄の一つひとつに配慮するというよりは，むしろ活動に適した環境のほうへ大人の注意を促しているのです。このような配慮を行うには，普段から子どもを十分に観察していなければならないでしょう。子どもには大人とは違う，子どもに特有のものの見方や，感じ方があるので，大人のものの見方を押しつけてはならず，子ども時代には，子どもとしての性質を十分に発揮させてやらなければなりません。そうすることが，子どもの内に備わっている「自然」に適った教育であるとルソーは考えました。

このようなルソーの考え方は，「子ども」に関するこれまでの見方を一転させてしまいました。これまで「子ども」は未熟な存在であり，教育によって早く一人前の大人にならなければいけないと考えられてきたのです。ところがルソーは，子どもは「子ども時代」という，人間にとって重要な段階を生きている存在として「子ども」を「発見」したのです。ルソーの**子どもの自然の尊重**という思想は，後のあらゆる教育思想の出発点になりました。

6．「子どもの自然」に適った働きかけ ―教授法の確立―

ペスタロッチ（Pestalozzi, J.H., 1746-1827）は，ルソーの教育思想を基盤に，独自の教授方法を考案しました。ルソーは子どもの自然を発見し，それゆえに消極教育を主張したのですが，ペスタロッチは，**この自然には法則性があることを発見し，この法則に適った積極教育が必要である**と考えたのです。

ペスタロッチはスイスの産業社会への移行期に生きた人でした。このため，時代の新しい流れから取り残されざるを得なかった，多くの貧民や孤児を目の当たりにし，彼らが貧困から脱して人間としての尊厳を失わずに生き延びていくためには，教育が必要であると考えました。この信念から，ペスタロッチはスイス各地に貧民学校を開設することになります[6]。そしてこれらの貧民学校や戦災孤児救済学校の活動から，**直観的教授法**[7]と呼ばれる独自の教授法が編

み出され，この優れた教授法が世界中に広がりました。

　直観というのは，ある認識の仕方のことです。ある物事を認識するときに，**対象を判断したり，分析したりすることなしに把握するような認識のしかたを，「直観的に認識する」**といいます。このような物事の把握の仕方は，大人より，子どもにより多くみられます。大人であれば，ある物事を認識するときに，他のものと比べたり，過去の経験から分析したりして把握していくことができます。でも子どもの場合は，まだ分析したり類推したりする能力が十分に養われていないのに，自分の身の回りで起こるできごとや事物を把握していきます。したがって子どもの認識のあり方というのは，反省したり分析したりという思考作用を加えることなく，直観によって把握していくやり方でなされているのです。

　このような，直観的に事物を把握する活動は，ペスタロッチによれば「人間の生命活動そのもの」であり，つまり誕生と同時に始まる，といいます。したがって「直観教授」は，新生児期から，子どもの育つ速度や順序にしたがって始めていく必要があります。

　初めのうち，子どもが直観的に認識した事柄は，漠然としていて，ごく曖昧なものに過ぎません。これをしだいに**数・形・語**[8]という，あらゆる物事の基礎となる直観へと整理し，よりはっきりとした，明確な直観へと促していきます。

　たとえば，子どもがチューリップを見つけて，「あんなのがあるよ」と母親を振り返ったとします。このとき，子どもにとってチューリップは，見なれない，自分の目を引く何か，という漠然とした認識でしかありません。そこで

6：ペスタロッチは生涯スイスで教育実践を行いました。ノイホーフ，シュタンツ，イヴェルドンなどで行ったそれぞれの教育実践から，教育についての考察をまとめた著作が多数残されています。とりわけ直観的教授法を打ち立てた『ゲルトルートはいかにその子を教えるか？』(1801) は代表作といえるでしょう。

7：この直観教授法は，単に「方法」という意味のドイツ語「メトーデ」（メソッドのこと）と呼ばれたり，「直観のABC」と呼ばれたりもします。「直観のABC」というのは，人間教育の普遍的基礎である数・形・語に関する直観の教育，つまり認識のいろはを教える，という意味です。

8：「数」はある対象が，いくつあるか，また何種類あるか。「形」はその対象がどのような形をしているか。「語」はその対象を何と呼ぶか。

「数」つまり「いくつの」「何種類の」,「形」つまり「どんな形の」ものがそこにあるのか,そして「語」つまり「それは何という名前なのか」を教えます。この数・形・語がチューリップに関する直観を育む基礎となり,やがては「花」について,あるいは「植物」についてというように,大人がもつような明晰な概念の形成へと認識のあり方を高めていくことができるようになります。

ペスタロッチがこのような教授法を考案した背景には,いつでも,だれでもできるような方法を確立することで,家庭教育が向上することを願ったからでした。戦争や貧困のために家庭に恵まれなかった貧民児童とのかかわりから教育活動に生涯を捧げることになったペスタロッチは,家庭における教育の意義を認めていました。というのも,子どもは母親との親密な関係において,人生の始まりに必要となるさまざまな事柄を学び取っていくので,家庭での教育が人間形成の基礎にある,と考えたからでした。

7. おもちゃによる働きかけ
―子どもの活動を遊びへと組織する―

ペスタロッチがスイスのイヴェルドンという村で直観的教授法を編み出していたころ,ヨーロッパ中からこの新しい方法を学びにさまざまな人々が訪れましたが,ドイツの**フレーベル**(Fröbel,F.,1782-1852)もまたその一人でした。フレーベルはペスタロッチの方法に学びながら,子どもの認識能力を育むには,積み木のような,具体的な道具を用いて働きかけるべきではないか,という考察を次第に深めていきました。やがてこの着想は,ドイツへ帰国後,独自の教育方法を打ち立てることへと結実しました。すなわちフレーベルは,乳幼児期の発育に即したおもちゃの体系を創案し,このおもちゃによって,乳幼児期の活動を「遊び」へ,学齢期の活動を「作業」や「学習」へと育むことを目指したのです[9]。

フレーベルの思想の根本的な立場は,子どもの自然に即した働きかけという,ルソーに始まった消極的教育であるといえます。しかし乳幼児期の活動を,恩物[10]というおもちゃの体系によって,それぞれの時期に最適な「遊び」へと育もうとする段階では,大人からの積極的な働きかけの必要を主張しています。

というのもフレーベルは，人間の活動はいつでも外の世界や環境の中で，何かしら意味をもつように表現されることが重要であり，このため教育の目的は，活動を表現と結びつけることにあると考えたからです。乳幼児期の最適な表現というのが，フレーベルにおいては，恩物における「遊び」だったのです。

恩物は生後2か月頃から与えられる，赤・青・黄・橙・紫・緑の6色6個で一組の毛糸玉からなる第1恩物，およそ2歳頃からは球・立方体・円柱体という三つの積み木で一組の第2恩物，3歳頃からは八つの立方体で一つの大きな立方体をつくっている第3恩物，…というように，それぞれの恩物に番号が振られています。この恩物の体系は，当初フレーベルの構想段階では第1から第8まで考えられていたようですが，実際に製作されたのは第6恩物まででした。

フレーベル以後，次の節で取り上げるモンテッソーリのように，さまざまな教育思想に基づいた乳幼児のためのおもちゃが考案されていくのですが，恩物には独特の特徴があります。すなわち，恩物遊びにはルールが定められており，子どもが好きなときに，自由に使うことができない，ある種窮屈なおもちゃである点です。恩物は，大人の指導のもとで取り出され，扱われることで，子どものまだおぼろげな段階にある精神や心情を，遊びという表現へと適切に育むことができる，と考えられているからです。このことは，一見子どもの自由を認めない，窮屈なルールのようにみえて，実はよく考えられた仕組みなのです。なぜなら子どもは一人で恩物と向き合い，一人遊びに没頭するという，閉じられた活動を行うのではないからです。大人と一緒に恩物遊びをする時，子どもは恩物を通じて大人と向き合っています。また大人と一緒に積み木の恩物で椅子やテーブルを組み立てる時，子どもは大人の援助を受けながら，自分の周囲の環境と向き合うことになるのです。

9：フレーベルは主著『人間の教育』(1826)において，人間は「内にあるもの」つまり精神的なものを，「外において」つまり自分を取り巻いている環境や世界に表現することこそ，人間にとって最も重要であると述べています。したがって子どものうちは遊びや学習活動によって，大人にとっては仕事や芸術活動によって，精神的なものを表現していくこと，創り出していくことが人間の根本であると考えているのです。

10：ドイツ語では"Gabe"（ガーベ）といいます。「贈り物」という意味があります。英訳の"gift"にあたります。日本では「恩賜の品」つまり「ありがたい贈り物」という意味を込めて1879年，関信三によって「恩物」という訳語が付けられました。

このように恩物は，扱い方が徹底されなければ教育の効果はありません。そこでフレーベルは 1840年ドイツに「**キンダー・ガルテン**」（Kindergarten）という幼児教育施設を創設することになります。この施設には，恩物遊びの指導ができる保育者がいて，子どもの活動を正しく「遊び」へと育むことができる施設として考えられました。今日世界中で親しまれているキンダー・ガルテンという名称は，フレーベル思想から生み出された名称です[11]。

8. 感覚の訓練 ―教具による自己教育―

モンテッソーリ（Montessori, M., 1870-1952）もまた，乳幼児期の教育のために 200種類を越えるおもちゃを考案しました。「おもちゃ」がもつ乳幼児期の教育的な機能に着目した点では，フレーベルとモンテッソーリは似ているかも知れません。しかしモンテッソーリはロックと同じように，医者として子どもの教育に携わるようになったという経緯をもっていました。

したがって「知識」や「知能」に関する考え方にも，経験から育まれていくという，ロックとよく似た着想をもっていました。モンテッソーリは，**子どもの知能は感覚的な経験や知覚を基礎にして発達する**と主張したのです。したがって「教具」もまた，感覚を訓練するために開発したのです。そのため，子どもの活動を遊びへと組み立てるために考案されたフレーベルの恩物より，感覚・知覚を訓練するという目的を強くもっています。モンテッソーリ教育では，視覚，聴覚，触覚，嗅覚，音感，温感，運動感覚，色彩感覚などの感覚を訓練することにより，知識の基礎をつくるのだと考えられ，**感覚教育から一般概念に，一般概念から抽象的思考に，抽象的思考から道徳に**導いていくことが目指されています[12]。

このような教育方法は，モンテッソーリが1909年にローマのスラム街に建てられた，家庭教育と学校教育の機能を備えた**子どもの家**という施設での実践から確立したもので，**モンテッソーリ・メソッド（モンテッソーリ教育法）**と呼ばれました。

11：キンダーは「子どもたち」，ガルテンは「庭」という意味です。日本では1876年に「幼稚園」と訳され，東京女子師範学校附属幼稚園として創設されました。

「子どもの家」は共同住宅施設の中に設けられた，3歳から6歳までの子どもを預かる施設です。ここでは子どもが大人の助けを借りなくても，自分で自分のことができるようになることを目的としていました。つまり，自分の体を清潔に保つことや，衣服を自分で身につけることなど，基本的な生活習慣を身につけ，子どもが自立していくことを目指したのです。そのため，「子どもの家」の家具は子どもが一人で持ち運びできるように，小型化，軽量化され，食堂や浴室，談話室を設置するなど，子どもを取り巻く環境に細心の注意が払われていました。

さて，教具の紹介に移りましょう。モンテッソーリの最初の教具は，立体的幾何学的な型が装置されている差し込み台です。差し込み台の穴に対応して，10個の小さな木製円柱が装置されています。円柱の底面は2ミリずつ段階的に小さくなっているので，子どもはすべての円柱を正しく差し込むには，大きさの違いに注意しなければなりません。2，3歳の幼児は小さな物を整頓するのが大好きですから，この遊びを非常に好みます。モンテッソーリ教具では，フレーベルの恩物のように，大人と子どもで遊ぶことはしません。むしろ子どもが一人でこの教具に取り組み，目で見て，手で触れて，あるいはカチカチと円柱と差し込み台を打ち合わせる音に耳を傾けたりして，五感を使って大きさの研究に取り組むことを大事にします。恩物では扱い方を大人から教わるという形式で遊びが展開していくのに対し，**モンテッソーリ教具では扱い方そのものの間違いすらも，教具自身が子どもに教えてくれる**のです。つまり間違った穴に円柱を差し込めば，円柱はぴったりとは収まらないのですから，子どもは再びそれを引き抜き，次に合う穴を探すことでしょう。このように，子どもの活動の仕組みを実験心理学的，医学的に解明し，その上で考案された適切な教具を与えられることによって，子どもは幼いうちから自分で自分を教育する力を伸ばしていくという，**子どもの自己教育がモンテッソーリ教育の理念**です。

12：モンテッソーリがこのように考えた背景には，イタール（Itard, E.M., 1774-1838）やセガン（Se'guin, E.O., 1812-1880）の障がい児教育を研究したことにあります。イタールは，赤ん坊の時森に捨てられ，狼に育てられた「アヴェロンの野生児」の教育に携わりました。セガンは障害児教育のために独自に考案した「教具」を使用しました。モンテッソーリは障がい児教育において有効な教育の方法は，健常児の教育にも適用できると考え，両者の研究から独自の教育方法を創出したのでした。

9．子どもの活動への働きかけ ―積極と消極の配分―

　以上みてきたように，西洋の教育思想においては，「子どもの活動」への働きかけをめぐって，積極と消極，二つの可能性がそれぞれに追究されてきたといえます。当初この二つの働きかけのあり方は，互いに相反する考え方として登場してきましたが，時代を経るにつれて，子どもの自然に成長してくる力に委ねる，という消極的教育の着想を基礎に置きながら，自然の法則に則した積極的な働きかけを，すなわち教授の方法を考えることへと深まっていきました。まさにカントが指摘したように，二つは「教育」という営みを成り立たせる2本の柱です。

　しかし常に問題として横たわっていたのは，どこからは積極的に働きかけるべきであり，どこまでを子どもの活動それ自体に委ねる消極的なかかわりにとどめるべきか，という，積極と消極，この二つの配分でした。

　「子どもの活動への働きかけ」という観点に立てば，国や時代の違いを超えて，今日なお私たちにとっても日々問われている課題であるといえます。今日私たちがこの問題に取り組むにあたって，一人で考えられる可能性や方法は，ごく限られたものにとどまります。これに対して西洋の教育思想の歴史は，教育の考え方や方法について，より幅広く深いものの見方をもった，良き相談相手になってくれるのではないでしょうか。

演習問題
- A．冒頭のトモちゃんの事例から，あなたが保育者だったらどのような働きかけが適切だと思いますか。またその理由はどのようなものですか。積極的・消極的という要素を踏まえて考えてみましょう。
- B．あなた自身が家庭や学校で受けてきた教育を振り返ったとき，どんなところが大人からの積極的な働きかけで，どんなところが消極的教育の要素をもっていたでしょうか。また，両者の配分はどのようになされていたのか

を，考えてみましょう。
C．ここに挙げた教育思想家の他にも，どのような思想家がいるのか調べてみましょう。

6章 教える思想・学ぶ思想2

　この章では,「教える」という営みや「学ぶ」という行為について考えてみたいと思います。現在の日本で何かを学ぼうとするとき,誰かそのことをよく知っている人から教えてもらおう,教えられて学ぼうとすることについて,私たちはとくに疑問を感じません。学校で教えられて学ぶことについても,退屈だなと感じることはあっても,そのことが特殊なことだとは考えないのではないでしょうか。でも,教えられて学ぶということが日本に定着してきた歴史をたどってみると,教えられて学ぶことだけが「自然な」学び方ではないことに気づきます。そしてそれは,遊ぶという人間的行為の深さについて考えてみることにも,つながっていくでしょう。

1.「学ばない」子どもたちの登場

(1) 日本の子どもの実態

　教育学者の佐藤学は,今,少なくとも7割から8割の子どもたちを襲っている深刻な危機がある,これには社会全体で早急に取り組む必要がある,と言っています（佐藤,2000）。さて,今起こっている子どもたちの危機とは,いったい何なのでしょう。

　それは,佐藤いわく,子どもたちの「学びからの逃走」ということです。

　ほとんどの学齢期の子どもが足しげく学校に通う日本で**子どもが学びから逃げている,学ばなくなっている**というのはどういうことなのでしょうか。

　「日本の子どもは勉強に追われてゆとりがない」というのは20年以上も前の子どもの姿であり,1990年頃の国際調査によれば,日本の子どもの学習時間は非常に短くなっている,と佐藤は指摘しています。マスコミでも騒がれる「学力低下」は**学力の低下の問題というより,『学び』を拒絶するニヒリズム（虚無主義）やシニシズム（冷笑主義）の課題**と言えます。

つまり,「何を学ぼうと, どうせ社会は変わりっこない」「何を学んでも無駄」というニヒリズムや,「学ぶことの意味なんてわからない」「まじめに学ぶなんて馬鹿馬鹿しい」「どんな知識や文化も自分には関係ない」「世の中のことなんて知ったことではない」というシニシズムが, 私たちの中に深く浸透してしまっているということです。

(2) わからなくても気にならない

　日本の子どもが学びに向かわない傾向があるのだとすれば, それは非常に危機的なことでしょう。なぜなら, 子どもが何かを「わからないこと」より,「わからないことがあっても気にならない」ことの方に, 私たちの社会の危機を感知するからです (内田, 2007)。

　たとえば, わからない漢字があった場合には, その字は「わからない」こととして気になる状況が保たれます。その人は, 自分の知らない字が存在することを心のどこかで気にかけていて, わからない字を「わからない字」として維持し, それを時間をかけてわかっていこうとします。精神分析家のラカン[1]が指摘したように,「わからないもの」を「わからないまま」に維持する, つまり「**それが何を意味するのかわからないものが, あることを受け入れられるのは人間の知性だけ**」(ラカン, 1989) でしょう。わからないことを時間をかけて嚙み砕いていこうとする「先送り」の能力が, 人間の知性の際立った特徴というわけです。おそらく, 何かの「わからなさ」を「先送り」するからこそ, 問いが保持し続けられ**問いをもち続けるからこそ**, **考察が深まっていく**。こうした思考や思索の過程に生まれてくるものが, 人間の変容を促す「学び」へと通じていくのだと考えられます。

　ところが, 漢字なんて別に「わからなくてもいい」「読めなくても気にならない」傾向が強くなっているとすれば, これは「学び」からは遠く離れた状況だと言えるでしょう。だって気にならないのですから, 何かを知りたいと思う問いが維持されません。問いがなければ学べません。子どもが (そしておそらく大人も) 学びから逃走している状況とは, 人間の知性のあり方そのものが,

---

1：ラカン (1901-1981) は, フランスの精神科医, 精神分析家。フロイトの精神分析学を構造主義的に展開しました。

うまく機能しない社会になっているということかもしれません。

　明治以来，勤勉で知られた日本人の「学ぶ」思想は，一体どこへいってしまったのでしょうか。

2．「教えられて学ぶ」のはあたりまえなのか

　ところで，今の日本では，「教えられて学ぶ」という教育のかたちが，ごくあたりまえのこととして受けとめられています。みなさんも塾，スイミングスクール，ピアノ教室などに通い，「教えられて学ぶ」という経験をしたことがあるでしょう。特に，誰もが通って「学ぶ」ことのできる学校という場では，先生から「教えられる」ことが当たり前で，「教えられて学ぶ」というしくみに疑問をもつことなどあまりないのではないでしょうか。さらには，もし上手く学べないようなことがあると，それは教え方がよくないせいだ，とさえ思う傾向があるかもしれません。

　ところが世界を見わたしてみると，「教えられて学ぶ」という学び方は，人類に普遍の思想ではないことがわかります。つまり**どんな人間社会にも『教える』という概念があると思うのは，拙速に過ぎる**ということです。

　たとえば，文化人類学者の原ひろ子は，カナダ北西部の森林限界線上（限界線以北では緑が生えないような寒い土地）で，固定した住居をもたず，テントを移動しつつ狩猟採集生活をするヘヤー・インディアンと1960年代の初頭に暮らした時，彼らが「教え－教えられる」といった概念をもたないことにとても驚いたと報告しています（原，1979／1989）。

　英語を話すヘヤー・インディアンの若者に「誰に英語を習ったの」と聞くと，「自分でおぼえた」という答えしか返ってこない。「じゃ，どういうふうにしておぼえたの」と聞いてみると，「そりゃあ，しゃべってみるのさ」と言うそうです。言語の習得に限らず，「ムース（野生動物）の射止め方」「皮のなめし方」「薪の割り方」なども，彼らの答えはすべて「自分でおぼえた」の一点張りです。

　そのうちに原は，ヘヤー・インディアンには，「教える－教えてもらう」とか，「誰々から習う」「誰々から教わる」というような概念がないことに気づき

ます。「誰に習ったの」とか「誰に教えてもらったの」という英語による質問が，そもそもヘヤー語に翻訳不可能であり，ヘヤー・インディアンの個人の主観では，「自分で観察し，やってみて，自分で修正する」ことによって「○○をおぼえる」ということになっている。原は，ヘヤー・インディアンの社会には，「教える」「教わる」という概念がない，つまり「教える思想」が不在であることに気づいていきます。

　大人の斧をふり下ろし丸太を割っている6歳の少女がいたら，まず日本では「あぶない」といって斧を子どもから取り上げるでしょう。でもヘヤー・インディアンの社会では，斧を子どもから取り上げたりはしません。取り上げないどころか，誰もその子どもに斧の正しい使い方を教えもしません。少女に「どうやってそれをおぼえたの」と聞くと，「自分でやってるのよ」と答えます。周りにいる兄や姉，年長のいとこたちに「誰が斧の使い方をあの子に見せたの」と聞いても，「あの子が一人で遊んでるんだよ」と答えるのだそうです。

　原は，ヘヤー・インディアンとつきあってみて，「『学ぼう』とする意識的行動は人類に普遍的と言えるが，『教えよう・教えられよう』とする行動は，絶対普遍のものではないと考えたくなってきた」（原，1979，p.175）と言っています。**人間は教えられなくとも学ぶ存在**なのです。

　原は続けて，「現代の日本をみるとき，『教えよう・教えられよう』という意識的行動が氾濫しすぎていて，成長する子どもや，私たち大人の『学ぼう』とする態度までが抑えつけられている傾向があるのではないか」とも述べています。さまざまな地域における文化の伝承を観察してきた原は，「自分で覚える」ことを当然としていたヘヤー・インディアンの人々を，自信に満ち，生き生きとした存在として思い出し，ひるがえって日本のことを，「教えられる」ことに忙しすぎて，自分の心に浮かぶ好奇心を自分のペースで追求していくための暇がなくて悲しい，と考察しています。

　原の考察は，私たちにとっても非常に重要な論点ですね。そもそも，ヒトは教えないと学ばない存在ではないのです。にもかかわらず日本では，「教えられて学ぶ」という学び方が一般的になっています。特に学びの中心に位置づく学校では，「教えられて学ぶ」というかたちが当たり前で，支配的です。学校への要望が強くなる今日この頃では，「上手に教えられないなら教師になんて

なるべきじゃない」という声さえ聞こえてきます。でもよく考えてみると，学ぶのは子どもであり，教師に教えてもらうことだけが子どもの学びを構成するわけではないはずです。なぜ，日本では，「学び」のかたちが常に「教えてもらうこと」とセットになっているのでしょうか。

3．「教えられて学ぶ」というかたちの導入

(1)「学校」空間の移植

今では日本の日常風景になっている「学校」という学びの場は，140年ほど前の明治初期，お雇い外国人[2]アメリカ人教師から教えてもらった空間に他なりません（寺崎，1995）。日本が近代国家としてまさに成立しようとするその時，明治5（1872）年，いち早く東京に設立された師範学校[3]では，「学校」をまだ見たことすらない日本人の教師の卵たちに，カリフォルニアから招聘された師範学校教師スコットが，実物の教具[4]類を見せながら「学校」がどんなところであるのかを教えようとしました。

教師を目指す日本の若者にとって未知の空間であった「学校」。明治7（1874）年に出版された教師になるための教科書『小学教師必携補遺』には，「学校」にいるときの生徒の動きが描かれ，教室空間が図解されています。「学校」がそれまでの日本の生活空間には存在しないもので，図や絵による説明を必要とする，非常に特異で馴染みのない空間だったことがわかります。

教室への入室から着席するまで，「起立，礼，着席」の動作，机に物を入れる動作など，生徒の学校空間での立ち居振る舞いのすべてが図解され，しかも驚くことに「一・二・三・四」の号令で一斉に動かすように指示されています。「いーち，にぃー，さーん，しぃー」というかけ声を先生がかけると一斉に生

2：お雇い外国人は，明治から大正にかけて，欧米の文化を輸入するために，政府や地方官庁，諸学校や大学で雇った外国人教師です。
3：師範学校とは，教員養成専門の学校のことです。学制により各都道府県に官立・公立の師範学校が置かれました。昭和22（1947）年の学校教育法により廃止され，各都道府県におかれた国立大学の教育養成を目的とする学部がこれにかわりました。
4：教具とは，黒板，標本，模型，教科書など，教育の内容を伝える手段として使用される，つまり「教えるために使われる道具」のことです。

徒が動作する，それが「学校」という空間なのだと得意気に説明されています。たとえば，「いーち」で左手で机の蓋を上げ，「にぃ」で持ち物に手をかけ，「さーん」で机の中に入れ，「しぃ」で一斉に蓋を下ろす，といった具合です。

　ここには「学校」なるものが，学習行動の一斉性によって成り立つものだという教えが示されています。教師が前方の教壇に立ち，正面きって生徒が座り，教師と生徒が対面するという教室空間の配置の仕方や，教師と生徒の身体や姿勢がどのように規律されているべきかということが詳細に伝えられています。**「学校」にある学びのかたちは，学校空間もろとも外国から移植された輸入品だったのです。**

　つまり「教えられて学ぶ」学びのかたちは，日本の生活の中にもともとあった学び方ではなく，学校の輸入によって広まった特異な学び方の一つなのです。

（2）　紙のテストで「学んだ力」を測れるのか

　日本人にとって，輸入したての「学校」がとても珍しい空間だったことは間違いありません。明治維新から10年，小学校で行われていた「試業」という試験の様子からは，学校が村の人々に奇異なものとして受け止められていたことがわかります（寺崎昌男，1994）。

　当時の小学校には「学年制」がなく，半期ごとの試験によって昇級を決めていました。おもしろいのは試験のたびに，親，親戚，近所のおじさんやおばさん，村長や役人が試験を見に来ていたことです。学校がどんなところなのか，様子を見に来ていたのでしょう。試験の結果は，すぐさま村全体に知れ渡ります。学校で身につける学びの成果は試験ですぐにわかるらしいこと，それは紙に書いて数字として測られるらしいこと，しかもそれが子どもの進路を決定するらしいこと，こうした数々の新しいしくみの不思議さが人々の興味を引かずにはおらず，学校が噂の種になったのでしょう。人だかりの視線の中で試験を受けていた小学生は，やがて，試験は客観的で，学力は点数化でき，結果は公表され，その試験の点数の結果が自分の能力や属性として認められることを学んでいったのかもしれません（西平，2005）。

　それまでの生活とはかけ離れた「学び」のかたちは，不思議なものとして驚かれ，おそらくちょっと人々からおもしろがられていたにもかかわらず，やが

て「正当性」をもった権威のある制度として定着していきます。「試業」という名の試験を受けていた小学生には想像すらできなかったであろう学校中心の「学び」が，輸入から140年の年月を経て，今や私たちにとっては最も正統的な「学び」と考えられるに至っています。でも**人間の力を「紙のテストで測る」というこのしくみは，たかだか140年の歴史をもつにすぎません。**

(3) 国を強くするために

　紙の試験が「正当」だとされてきた不思議さに加えて，学校で教えられる内容についても，なぜこんなことを学ぶのかわからないと思っている人は少なくないのではないでしょうか。実社会では役立たない。生きるために必要なものではない。微分積分もシェイクスピアもミトコンドリアも，将来先生になりたい人や技術者になりたい人，勉強が好きな人だけが学べればいいじゃないか，と。学校での学びは無用なものだとあなたは思ったことはありませんか。

　できたばかりの明治政府は，なぜ直ちに学校を輸入し，すべての子どもを学校に通わせようとしたのでしょうか。

　江戸時代が終わり，明治維新がおきた明治元(1868)年が日本の近代の始まりですが，それからわずか五年後の**明治5(1872)年には学制[5]という制度がつくられ，小学校からの義務教育が開始**されます。「学制」が公布された明治5(1872)年，一万円札でお馴染みの福沢諭吉[6]は『学問のすすめ』という本を公表しました。この本はたちまちベストセラーとなり，新しい時代の原理を示すものとして広く読まれます。

　そこに何が書かれていたのかというと，江戸時代までは身分制度があり「武士の息子は武士，商人の息子は商人，農民の息子は農民，女の子は同じ身分の人と結婚することが決められていたが，これからは身分ではなくて学問で自由競争をして自分の生き方を選ぶ時代だ」「学問さえすればえらくなれる」とい

5：学制は，明治5(1972)年に，日本で最初に学校制度を定めた教育法令。このとき明治政府は，「学問ハ身ヲ立ルノ財本」，つまり学問は立身出世の元手です，学校へ行きましょう，という文書を一緒に発表します。

6：福沢諭吉(1835-1901)は，慶応義塾の創立者。明治期に近代教育を普及するにあたって非常に多くの功績を残した人物。

う学びの勧めが書かれていました。ではなぜ，**身分制度をやめて自由競争の世界**にしようとしたのでしょう。そこには，「日本という国」を強くしようとする目的がありました。

　日本が近代の入口にあったその時代は，国際的にはヨーロッパの国々がアフリカやアジアを植民地にしていく時代でした。福沢は，日本が植民地にならないように，西洋の教育システムの導入を説いたのです。一般の国民を無教育の状態にしておくやり方は，交通やコミュニケーション技術が発展するこれからの時代には通用しない，西洋諸国のように一般人にも教育をし，人々の**立身出世の欲望を刺激して，競争して勉強させる**ことが，経済の効率をあげ，戦争で負けない国をつくると信じたのです。「脱亜論」といって，アジアを脱して西洋の文明を吸収し，「植民地にされる国ではなく，植民地にする側の国になろう」という考え方を福沢は示します（小熊，2006）。他の国を侵略し自分の国の利益を増やそうとすることは，よく考えてみると恐ろしい発想ですが，欧米諸国が植民地領土を拡大していたこの時には，日本もいつ植民地にされるかわからない状況であり，有用な人材を育成し強い国を目指したことも無理からぬことではあったのでしょう。

　しかし「学問」をすること，言い換えれば「学ぶこと」が，国際競争に勝ち抜き，侵略されない国をつくるための要件になったことによって，学校での学びもまた，**より効率的に，より合理的に，より経済的に，人を資源として利用する方向へ固定**されていきました。少ない教員で多くの子どもの「学び」を促す学校システムは，強くあるための日本に，ぜひとも必要な教育装置だったのです。学び手にとっては少々退屈でも，**社会にとって有用とみなされる知識を一斉に教えるかたち**が，さまざまな紆余曲折を経ながらも日本の学校では今まで続いてきました。そして，学校での学びは，学ぶ人が我慢して行う類のものにもなってきたのです。

4．「遊びを通して学ぶ」という見方

　日本は近代化以降，国際競争に勝ち抜くための学校教育を維持し続けてきました。植民地にならないための競争であったり，戦争に勝つための競争であったり，グローバル市場で稼ぎ続ける競走であったり，時代によって競争の内容は変容しましたが，ともかく**競争に勝てる「強い日本人」を育成するために，学校は効率的に「教えられて学ぶ」場として機能**してきました。「学校なのにちゃんと教えてくれないのはおかしい」「学校で習う内容を社会で役立つものにしてくれ」などの要求や不満が出てくるのは，学校での学びは有効なもののはず，利得があるものでなくてはならない，という暗黙の前提があるからでしょう。

　教育に何らかの成果を見込む考え方は，保育・幼児教育の世界にもみられます。教育という投資をしたのだから，目に見える成果が出てくるはずだという功利的な見方です。「遊びを通して学ぶ」というよく聞かれるフレーズにも，功利的な思想の片鱗を伺うことができるでしょう。

　たとえば，幼稚園教育要領の総則に，「幼児教育の基本」として次のような文言があります。

　　「幼児の自発的な活動としての遊びは，心身の調和のとれた発達の基礎を培う重要な学習であることを考慮して，遊びを通しての指導を中心として…（略）…ねらいが総合的に達成されるようにすること。」

　よくご存知の文章ですね。ここで「遊び」とはまず，「幼児の自発的な活動」であることが明記されています。がその直後に，それは「発達の基礎を培う重要な学習である」と言われます。つまり「遊び」は「学習」なのですね。そして，「遊びを通して」保育のねらいが達成されることを目指すことが，幼児教育の基本として語られるわけです。

　しかし，本来「遊び」とは，段差から飛び降りたり，石拾いに没頭したり，かばんにものを詰めて運んだり，積み木を崩したりするような行為であり，「遊びを通して」何かが獲得されることなど目指されない営みのはずです。遊びは，労働のように目的が行為の外部に在るものではなく，行為自体に内属し

ているものです（矢野，2006）。つまり遊びは，行為そのものに意味があるのであって，手先が器用になるために遊ぶわけでも，数が数えられるようになるために遊ぶわけでもありません。遊び自体は，創造というより破壊である場合も多く，生産的な営みになるとも限りません。たまたま遊び終わってみたら，そのことで子どもが「育っていた」ということはあるかもしれませんが，**本来遊びは，近代建築物のように計画的に構築できるものではないでしょう**。振り返ってみたらそこに何かがあるような，ブリコラージュ[7]に近いものだと思います。

だからこそホイジンガ[8]は，ニーチェ[9]のニヒリズム克服という難題に対して，「遊び」の重要性を発見し応えることができたのではないでしょうか。「遊び」は，私たちの住む既存の世界の枠組みを大きく揺さぶる可能性を含んでいます。**競争する社会の中では無用の長物のような「遊び」**ですが，それでもなお私たちが「遊び」続けることをやめないならば，効率的であることが支配的な世界にあっても，**効率性そのものを問い直せる人間的な知性を保ち，「教えられて学ぶ」以外の学ぶ思想**を生み出せるかもしれません。そして，すぐには役に立たないと思われることでも学んでおくことの意義が，今までとは違ったかたちでみえてくるかもしれません。

7：ブリコラージュとは，フランス語で「寄せ集めて自分でつくる」という意です。その場で手に入るものを寄せ集め，それらを部品として，何がつくれるのかは試行錯誤しながら，新しいものをつくることです。文化人類学者レヴィ＝ストロースが『野生の思考』（1962）で，文明化・近代化した西欧の思考に対し「未開」の思考を「野蛮」とする見方を批判しながら示した「野生」の知のあり方です。

8：ホイジンガ（1872-1945）はオランダの歴史家。著書に，人間の本質を遊びに見出した『ホモ・ルーデンス』があります。

9：ニーチェ（1844-1900）はドイツの哲学者，思想家。後世の思想界に多大な影響を与えました。

演習問題

A. 「教えられて学ぶ」以外の学び方で，これまでに自分が学んだことを書き出してください。また〈教える－学ぶ〉という関係のもつ今後の可能性を，以下の文献を参照しながら考えてみましょう。

広田照幸　2003　「〈教える－学ぶ〉関係の現在」『教育にはなにができないか』春秋社。

B. 第3節でみたように，紙のテストで子どもたちを測ることを「正統」とする試験のシステムを日本は受け入れてきました。紙のテストが「正統」とされてきた理由を，次の文献を参照し考えてみてください。さらに，紙のテスト以外で子どもを測る方法があればあげてください。

天野郁夫　1983『試験の社会史』東京大学出版会。

竹内洋　1991　『立志・苦学・出世－受験生の社会史』講談社。

C. 遊びが無用の用としてあることの意味を，子どもの頃に自分がした遊びを思い出しながら，考えてみてください。

7章　教育の制度

　「教育制度改革が必要だ」……一度は耳にしたことがある言葉かもしれません。ただし，制度をいじる前に「これは望ましい教育制度改革なのか」「他の改革もありうるのではないか」など，冷静に考える必要があります。改革を求める声は，確かに教育や時代に対する希望や不安に裏打ちされたものです。しかし，これが必ずしも望ましい改革と将来をもたらすとは限らないからです。

　では，教育制度が守るべき大切なことは何でしょうか。これを考えるために本章では，教育制度改革の歴史を振り返ります。キーワードは「複線型」「単線型」そして「経済的格差」です。続けて教育制度改革の一つとして注目される学校選択制度を，推進論と反対論の両方から検討します。

1. 教育制度改革の背後にひそむもの

(1)　さまざまな制度改革構想

　AとB，そしてCとDを読み比べてください。あなたの意見はどちらに近いですか。

　A「エリートになる人は，早めに選び出して高度な教育を受けさせる方がよい」
　B「エリートになる人とそうでない人とを決める機会はできるだけ遅くして，なるべく皆が平等なチャンスをもつべきだ」
　C「自分の子どもには，ほかの子よりも質の高い教育を受けさせたい」
　D「人生の初期には，恵まれない子も含め，皆が格差のない，同じ質の教育を受けることが望ましい」

AとB，CとDでは，教育に対する考え方が異なっているのが分かります。
　Aの考えが教育の制度の土台になったとき，どのようなものが現れるでしょうか。
　たとえば，こうかもしれません。早めにエリートを選び出すために，幼い時期から，教育の場には「能力」をめぐる競争がある。そして選抜された少数の子どもたちに，高度な教育の機会を与える，といった制度になるでしょう（ここで「高度な教育」とは，大学教育など（**高等教育**と言います）を意味することとします）。これは同時に，選抜されなかった子どもたちは，その先将来，高度な教育を受ける機会を制限されることを意味します。
　Bに基づくと，どのような制度が現れるでしょうか。平等に子どもにチャンスがあるべきと考えるために，多くの子どもに対して高度な教育を受ける機会に開かれている制度になるでしょう。ただしAの立場からは，「この制度は，エリート主義に基づく制度よりも選抜の時期が遅い。したがってエリートではない子どもも，選抜されるまで教育を受けている。これでは，税金で運用されている公教育に費用がかかる」という批判が考えられます。
　CとDに基づいた教育制度も考えてみましょう。Cの場合，我が子に対する親個人の教育への自由な希望や思いが，十分反映するような制度が考え出されると思います。つまり，親の教育の自由を重視した制度がよいとされるでしょう。対して，Dに基づいた場合，個人的な親の教育への希望や思いを優先するより，むしろ社会全体での平等が重視された制度がよいとされるでしょう。

（2）　社会の変化と教育制度

　「教育の制度改革の必要だ」として，さまざまな意見が出されています。みなさんも耳にしているかもしれません。このさまざまな意見の典型を示したものが，上のA～Dでした。
　日本の教育制度は，平成2（1990）年に入り一つの転換期を迎えました。ただしこれ以前のことですと，第二次世界大戦直後，そして高度経済成長のときに，転換をみることができます。このそれぞれ三つの時期に，どのように制度が改革されたかをお話しするのが，この章の目的です。
　この話題に入る前に，教育制度の転換が起きる理由を，少し考えてみましょ

う。理由の一つには，社会的な状況の変化があげられます。二つめとして，教育に対する不安や希望があげられます。このような変化や不安・希望を背後に受けて「どう教育制度は改革すべきか」の論争や対立がおき，改革が具体化していきます。これらの点，つまり希望や不安，そして制度改革への考え方の対立にも注目しながら制度改革の経緯を見ることが重要です。これに加えて，「あれは望ましい教育制度改革だったのか」「他の改革があったのではないか」といった，深く，柔軟な考え方も必要です。なぜなら，現在に至るまで，さまざま教育制度が改められてきましたが，当然ながら，改められた制度は必ずよいものであるとは限りません。改められた教育制度が社会状況の変化に対応でき，不安や希望に応えるものであったかどうかは，また別の問題です。不安や希望に応えていたようで，実は問題を先送りしているだけかもしれませんし，かえって問題を深刻にしているかもしれません。したがって，教育制度改革のあり方を考えるためには，これら不安や希望，そして対立をふまえながらも，先にのべた深く柔軟な考え方が加えられる必要があるのです。

　このように考えることにより，現在も進行する制度改革を，「これは望ましい改革なのか」「他の改革があるのではないか」などと深く柔軟に考え，さらには「教育制度のありかたを考えるとき，重視すべきことは何か」が見えてくると期待されます。

2．教育制度改革の来し方

(1)　複線型から単線型へ

　第二次世界大戦後，昭和22(1947)年に日本国憲法，教育基本法，**学校教育法**が施行されました。これらにより小・中学校の9年間が義務教育になり，授業料が無償となりました。

　これは大変大きな変化でした。戦前は，高等教育へ進学機会が開かれている**中等教育**，たとえば中学校への進学は，一部の子どもに限られていました。中学校が進路先ではない11～12歳の子どもは，高等小学校，実業学校，実業補習学校などに行きました。中には家の仕事を継ぐ子どももいました。現在の中学校と戦前の中学校は，大きく中身が異なるので注意が必要です。

この事実から，戦前の学校教育制度は，自分の行きたい学校や進路を選べたように見えるかもしれません。ただし，たとえば，いったん実業学校を進路とした子どもが，数年後に「やっぱり高等教育を受けたい」と思った場合，どうだったでしょうか。実現はなかなか難しかったようです。その理由のひとつは，高等教育が，入学試験に合格した中学校卒業生ばかりを入学の要件としていたことがあります。そして，中学校進学にかかわる費用が高額だったことが，二つめの理由としてあげられます。まず授業料と教科書代が高額でした。また，誰もが自宅から通える距離に中学校があったわけではないので，下宿代や食費が必要な者もいました（深谷，1969）。

ここから，以下のことが戦前の教育制度の特徴として指摘できます。11～12歳という幼さで，将来に影響する進路選択が迫られていました。また，一回進路を決定すると変更は難しく，生まれた家の財産のある・なしにより，進路は大幅に方向付けられていました。

このように，高等教育に至る進路が限られていて，かつ，将来に影響する進路の選択が年少のときに迫られるような学校教育制度を，**複線型**，または**フォーク型**と言います。

戦後，この複線型の制度が改められ，中学校まで無償の義務教育が制度化されました。この制度の長所は，生まれた家の経済的余裕のある・なしに影響されることなく，人生の初期には同じ質の教育を受けることができる点。そして，大学への進学を含めた将来の進路選択を，戦前の制度より長い間考えることができる点にあります[1]。この制度には，BとDの考え方をみて取ることができます。このような制度を**単線型**，または**ハシゴ型**と言います。

1：昭和22(1947)年に制定された教育基本法は，第3条第2項で「国及び地方公共団体は，能力があるにもかかわらず，経済的理由によって修学困難な者に対して，奨学の方法を講じなければならない」と定めました。これにより，高等学校や大学を希望する者のために奨学金制度などが整えられました。この条文の主旨は，平成18(2006)年に改定された教育基本法も引き継いでいます（第4条）。一方，子どもの権利条約は第29条第1項bで，中等教育全体の無償化を進めるべきと規定しています（この中等教育とは，現在の日本でいう中学校段階の教育（**前期中等教育**），高等学校段階の教育（**後期中等教育**）の両方です）。日本政府は「高等学校以上で利用できる奨学金制度があり，この条文どおりの政策を行っている」と主張していますが，弁護士団体や民間団体は「後期中等教育も無償化すべきだ」と批判しています。

（2） 単線型から新たな複線型へ―高度経済成長期の教育改革―

　単線型の教育制度は、その後10年を経ずに改革が必要だと言われ始めます。この当時、日本は高度経済成長（昭和30(1955)～昭和48(1973)年）を迎え、社会は急激に工業化しました[2]。教育の状況も、大きく変化しました。昭和25(1950)年は42.5％だった高等学校への進学率は、5年後の昭和30(1955)年には51.5％になり、約半数の子どもが高校へ進学するようになりました。昭和40(1965)年は70.7％まで昇ります。政府はこの時期、職業科の高校、特に工業科高校を増設させたり、昭和36(1961)年に高等専門学校を発足させたりもしました[3]。このように社会状況や、教育をめぐる状況の変化に対応するため、政府はさまざま政策を打ち出しました。

　当時、多くの分野で政策に影響を与えていた政府の審議機関に、経済審議会というものがありました。ここは昭和38(1963)年に「経済発展における人的能力開発の課題と対策」という文書を出します。これは、工業化を担う"人材"をどう育てるか、そして高校進学希望者の増加にどう対応するかについての、当時の政府の考え方ということができます。

　この文書に特徴的なのは、以下の文章です。「ハイタレントたる素養は早く発見され、それを伸ばすような適正な教育がなされるべきである」。ハイタレ

2：高度経済成長の社会状況を少しお話しします。みなさんも普通に目にするカラーテレビは、昭和39(1964)年に開かれた東京オリンピックのときに、飛ぶように売れました（薄型液晶テレビではありません。念のため）。これは、オリンピックをテレビで見たい家庭が買いました。ですからこれ以前は"テレビがない家"というのは、よくあることでした。そしてオリンピックに使う競技場など、数々の建築物をつくる必要があったことから、東京の町並みが大きく変化しました。東海道新幹線は、オリンピックの観客を運ぶことを目的の一つにして、昭和38(1963)年に開通しました。このような社会状況の変化は、同時に公害問題を引き起こしています。昭和31(1956)年から確認されている熊本県の水俣病は、石油化学コンビナートがたれ流した、有機水銀を含んだ排水によって引き起こされました。

3：高等専門学校は、工業を担う人材育成を目的に据え、理科系科目に重点を置いて授業をしています。この学校は高等学校に短期大学を加えた学年編成なので、5年で卒業します。ですから卒業生は、4年制大学を卒業した者よりも比較的若い年齢で、工業化した社会にデビューすることになります。ここの入学志願者は、昭和38(1963)年度に5万人を越え、志願倍率は10.5倍という人気でした。職業科の高校は、高校全体数に対する割合が昭和35(1960)年に約55％、昭和40(1965)年に約52％でした。つまり、職業科の高校が高校全体の半数を超えていました（ちなみに平成19(2007)年は、約43％まで低下しています）。現在と比べて職業の高校の設置されていた割合が、高度経済成長の時期には高かったのです。

ントとは，日本語ですと"高い才能・素質"という意味になります。この文書では，ハイタレントの存在は「同一年齢層のうち，知能検査等で判定して，上位の3ないし5パーセント」だとも述べられています。そしてハイタレントであるか否かは生まれながら決定されていると考え，教育の役割はハイタレントを早期に発見することである，そしてハイタレントに集中して高度な教育を与えるべきだ，とこの文章は述べていました。この文書は，工業化した社会で経済活動の規模を大きくしていた，当時の経済界から支持されました。

　この文章からは，Aの考え方を読み取ることができます。またこれが「能力のある人は遺伝的に決定された一握りである」と考えている点に注目しましょう。

　この考え方が学校教育にそのまま降りてきた場合，学校は「エリートである能力があるかないか」の競争と選抜の行われる場という性格を帯びてきます。この競争と選抜を，Cの考え方が促しました。つまり，社会状況の変化を前にして，わが子の将来を心配し，「よりよい高校へ進学させたい」とこの競争に子どもを送りこんだ親もいたわけです。

　事実この時期には，学校での勉強を能力の尺度に据えた，**偏差値教育**が問題にされはじめました。たとえばこの時期，高等学校が偏差値を軸に，目立って序列化されだします。また当時の高校の学科ごとの序列構造を表した「普・工・商・農」という言葉があらわれました。1970年代後半には，数多くの雑誌が高校受験に関連した記事を載せるなど「受験フィーバー」がおきました（乾，1990）。このような状況に不安を感じ，子どもを塾へ通わせる親が増えました。

　ハイタレントであることや，偏差値が高いことを理由にして「人間として優れている」と言い切るのには，無理があります。遺伝的要素が人間のすべてを決定していると言い切るのにも相当の無理があります。このように問題点が多くあったにもかかわらず，能力の尺度を偏差値に置くという教育の状況，そして学校教育が高い偏差値を取るための競争の場とされる状況が，この時期に色濃くなってきました。

　このような教育の状況へ，以下のような批判がおきました。この競争に基づいた教育の特徴は，塾に行かせる経済的余裕のある家の子どもたちが，高い可能性で偏差値的な序列の高い高校に入れるというものである。また，高い序列

の高校に行くために早い時期から塾に行く必要があるという点では，中学生の年齢で将来に影響する進路に関する判断が迫られていると言うことができる。つまりこの競争は，経済的格差が子どもの教育と進路に影響し，進路選択が中学校段階で迫られるという性質をもつことが疑問とされ，批判されたわけです。この性質は，戦前の複線型教育制度と，事実上似ているとも言えます。

このような批判から，高校までは教育機会を平等にするべきだとの主張があらわれました（高校全入運動と言います）。この主張からは，BとDの考え方を見ることができます。

以上のように，この時期の教育制度改革は，高校入試を焦点として，AとCの考え方とBとDの考え方の対立が見られました。ただし小学校や中学校の教育制度のあり方には，BとDの考え方が強い影響を及ぼしていました。高度経済成長期には，小学校と中学校は，都市部であろうと地方の僻地であろうと，子どもの平等な教育機会の保障のために増設されました。養護学校（現在の特別支援学校）への条件整備が進んだのも，この時期になってからでした。

（3） 1990年以降の教育制度改革

教育制度は，次に1990年以降に目立って変化します。この時期の特徴は，「わが子に質の高い教育を」というCの考え方が「いい学校を子どもに選ばせたい」という具合に，かたちを少し変えて教育制度改革の前面に出てきたことといえます。加えて，小学校・中学校の教育制度も改革がいると言われたことがあげられます。まず，当時の社会状況から見てみましょう。

1990年頃には，かつてのように子どもが高校受験に殺到はしなくなり，受験の熱気は次第に冷めるのではないかという意見がありました。この理由として，たとえば，**少子高齢化**という社会状況の変化があげられていました。

しかし，実際は冷めませんでした。たとえば，私立高校や私立中学校の受験に子どもが集まる動向が，大都市部だけでなく日本の広い範囲で見られるようになりました。私立高校・中学校に行く場合，高い授業料がいります。また受験準備のため，塾の費用などの負担をした親もいます。これにもかかわらず子どもに私立の高校・中学校を選ばせた背景には，この時期の親たちによる教育への不安や希望がありました。

これには，以下のようなものがありました。**学校週5日制**の完全実施（平成14(2002)年）や，改訂された**学習指導要領**の実施（小中学校は平成14(2002)年，高等学校は平成15(2003)年から実施）が「**ゆとり教育**」に基づいているとされ，これに不満や不安を抱いた親たちがいました。また平成5(1993)年に**バブル経済**が崩壊し，就職が難しい社会状況になると，親の中から「就職で苦労しないために，いい学校を子どもに選ばせたい」という希望が出ました。こうした社会状況の変化や，変化によっておきた不安・希望があいまって，子ども全体の人数は減ったにもかかわらず，偏差値を軸とした競争と選抜は残ったのです。

「いい学校を子どものために選びたい」という親の希望は，この時期の他の教育制度改革の背後にもみることができます。例としてまず，平成15(2003)年に始まった**教育特区制度**があげられます。この制度は，国の認可を受け，従来の規制の枠にとらわれないさまざまな教育を特別に地域で実践できるとされています。希望の「よい」学校を選ぶには，このような教育の多様化が必要との考え方に，この制度は基づいています[4]。

次に，公立小中学校の**学校選択制度**をあげることができます[5]。これも平成15(2003)年から各地の教育委員会の意見により導入できるようになりました。この制度には「危険だったり設備の悪い学校や，いじめっ子がいる学校を避けることができる」「子どもに選択されない学校は，もっと魅力が上がるよう努力する。こうして競争を通じて，全体的に学校はよくなっていく」などの賛成意見があります。

三つめとして，公立の**中高一貫校**があげられます。この種の学校の，学校教育法における正式名称は**中等教育学校**と言います。この学校は「高校受験が"受験ストレス"を生む。子どもに精神的ゆとりをもたせるべきだ」との意見

4：教育特区への批判には，以下のようなものがあります。「特区構想は，成立の過程をよくみると，地域住民の意見に基づいた構想とは言えない」「認可されている教育特区は"英語教育の重視""小中一貫校"などに集中し，実態は多様化ではなく画一化になっている」「特定地域で行われる"特徴的"な教育が特区として認可される傾向がある。どの地域でも一定水準の教育が保障されるべきなにもかかわらず"特徴的"である教育ばかりに予算がつくのは，不平等である」など（飯塚・谷口，2004）。

5：東京都品川区は，平成12(2000)年に公立学校の選択性を導入しました。全国に先駆けた品川区のこの制度の概要，そしてこのことへの批判は，山本（2004），廣田健（2004）を参照。

を受け，平成10(1998)年に現れました[6]。

3．教育制度が重視すべきこととは

(1) 学校選択制度への批判から考える

　このような教育制度改革へは，BやDの考え方から批判をされています。たとえばこの制度は，経済的格差を固定化，ひいては拡大させるかもしれないと批判されています。この制度のもとで小学校を選択する場合を想定して，この批判の内容を検討してみましょう[7]。

　親たちは「よい」小学校を選択するために，学校によって公開された情報や，学校の評判や噂に関心を持つでしょう。親の中には，購入してあるパソコンのインターネットを使うなど，比較的高い情報収集の技術と教養を持ち，これに基づいて子どもに行かせる学校を判断する親たちがいるでしょう。一方で，そうでもない親たちもいます。情報技術をもつ親は，若いときにお金を使って習ったのかもしれませんし，昔はとても高価だったパソコンを買う経済的余裕があった家で育って，自然に習得したのかもしれません[8]。

　情報と教養をもつ親たちは，お互いの情報を共有しあい，「悪い」評判や噂のあった学校へは子どもたちを送らないでしょう。たとえば，入学希望者があまりいなかったとか，子ども同士のケンカなどの「問題行動」があったと噂された学校が避けられると思われます。またこの親たちは，「よい」とされる学

6：公立中高一貫校への批判は以下の通りです。「これは特別な期待を受けてつくられた学校という理由で，他の学校よりも教育の条件整備の予算がかけられている。これは不平等である」「この学校へは"特別な期待"をもつ熱心な親が子どもを入れようとするだろう。しかし入学できるのは一部の子どもであるため，事実上エリート校化する」「この学校は偏差値教育による競争と選抜という問題の改善にならない」など（藤田，1999）。

7：公立学校の選択制度へのより詳しい批判は広田（2004），藤田（1997, 2000, 2007），藤田編（2007）を参照。

8：インターネットの技術に限らず，人が身につけている教養や技術といった文化的な要素には，生活していた家の経済状況に深く関係があると，社会学では言われます。このように，家の経済状況と深く関係しながら，文化的な要素が子どもに伝わっている様子を，**再生産**と言います。これはブルデュー・P（Bourdieu, P., 1930-2002）などにより理論化されました。

校の評判——たとえば熱心な先生がいるとか、条件整備がいいとか、中学受験の結果がよいとか——を共有し、そこに子どもを送るかもしれません。

こうなると学校選択制度のもとでは、情報を共有し、似た考えをもち、ある程度経済的余裕のある親が子どもを送る学校と、比較的に経済的余裕も情報ももたない親の子が集まる、学校に分かれていく可能性が高くなります。後者の学校には、子どもがほとんど集まらないという事態がおこるかもしれません。この事態がさらに悪い噂をよび、入学者を減らし……という悪循環がおきることも考えられます。この学校の親や先生たちが、たとえ熱心に教育に取り組んでも、たとえば「あのダメ小学校のダメな子どもね」というような噂は、消えずに語り継がれるかもしれません。こういった噂が、この学校にいた子どもの将来の進路に悪い影響を及ぼす可能性があるなら、見過ごせない問題となります。

（2） 多様性に開かれた平等な制度へ

このように学校選択制度は、教養や技術、そして情報を共有する人間関係といった要素を持つ親たちが、子どもたちを「よい」学校にいかせる可能性が高い、という性質を持つとBやDの考えから批判されています。そしてこれらの要素が、家庭の経済状況に大きく影響されていると言われています。またこの制度を通じ、将来に影響を及ぼす進路が、生まれた家の経済状況により幼いうちに決まる点も問題とされています。当然のことですが、子どもは、親を選んで生まれてくるわけではありません。以上をもとにこの制度は、経済的格差を固定化、ひいては拡大させる構造をもっていると批判されているわけです。

子どもの将来を心配し、教育に要望を持つ親は多いでしょう。ただしこの親の希望が、不平等を固定化させたり、拡大させる制度の導入を、結果として押し進めているのであれば「これは望ましい教育制度改革なのか」、冷静に考える必要がでてくると思われます。

また不平等は、時間が経たないと「おかしいぞ」と気付かれないという性質があります。つまり、不平等が固定化していたり拡大している様子は、事前に実験などで明らかになるのではなく、時間が経ち、統計的に不平等な事態が明らかにされたり、多くの人が目を引くような不平等な事態が現れてからはじめ

て気付かれます（佐藤, 2000）。したがって「これは望ましい教育制度改革なのか」「他の改革があるのではないか」といった柔軟な思考が, 学校選択制の場合にとどまらず, 教育制度について考えるためには必要なのです。

では, わが子の将来への親の心配を受け止めながら, 不平等を固定化させたり拡大させたりしない教育制度とは, どうあるべきなのでしょうか。これを考え, 具体化することは, これからの教育制度のありかたについての重要な課題になると思われます。

この際大切なのは, どの地域にいても一定水準以上の教育を, だれもが平等に受けられるような取組みです。この水準とは, 教育の条件整備と教育内容の質の両方を意味します。そして学校を, さまざまな背景や個性をもった子ども達に平等に開かれ, ふれあいを通じて学ぶ場所であることに注目すべきと思われます。つまり「仲良くするにはどうすればいいか」とか「差別や不平等に取り組むにはどうすればいいか」などを具体的に考えていくことがこれからの社会に重要であるならば, 多様な子どもたちとかかわりあいながらさまざまなことを経験的にも学習している点を再評価すべきかもしれません。

演習問題

A. みなさんのお父さん, お母さん, おじいさん, おばあさんなどに, 子どものころの社会の状況と進路を尋ねて, 当時の教育制度を調べてみましょう。
B. 図書館やインターネットを使って, 外国の教育制度を調べてみましょう。その際, 複線型による制度なのか, 単線型による制度なのかに注意してみてください。
C. 1990年代には, 小学校・中学校の統廃合も進められました。これにはどういう社会背景のため起きたのか。またこれにはどういう問題があるか, 考えてください。

8章　教育改革にどう向き合うか

　この章は、マクロなレベルでの教育改革の問題を、身近な教育実践や教育課程と結びつけて考えるための視点を獲得することをねらいとしています。まず、近年の大きな改革潮流の変化を理解することで、何がなぜ改革すべきだとされてきたのかを理解し、どういう教育改革が望ましいのかを学生が自分なりに考えるための基礎的知識を学んでもらいます（2節）。その上で、その時々の改革論の主張をうのみにするのではなく、反対論や別の改革論も吟味していくことの重要性を理解してもらいます（3節）。このテキストを使って授業をされる先生は、最新動向をつけ加えて解説していただき、今が何が選択肢や争点になっているのかを学生に理解させていただければ、と思います。

1. 教育現場には関係ないのか

　教育改革の動きに関心がなくても、とりあえず、毎日の教育実践はこなしていくことができます。だから、教員になろうと思う人にとって、教育改革の動向なんかどうでもよいと思う人がいるかもしれません。「審議会の答申とかを勉強したりするのは、単に教員採用試験とか、管理職になるための試験のためであって、それ以上のものではない」というふうに。
　しかし、そうではありません。改革プランが実施に移されると、日常の実践に必ず大きな影響が現れます。何かを始めたり、何かを変えたりしないといけなくなります。新聞の見出しで見かけただけだったトピックが、いつの間にか、教育委員会からの文書や、校長からの指示のかたちで、具体的にあなたの日々の仕事の中にやってくるわけです。
　そのときには、なぜそういう変更が求められているのか、あるいは、何をめざしてそうするのか、といったことを、考えないといけなくなります。

だから，教育改革の動向やその背景を理解しておくことは，日々の実践をどう組み換えていくかについて，あなたなりに考えていくための足場を提供してくれるはずです。教育に関して，自律的にものを考えて判断できることは，教員としての力量の一部です。だから，教育改革の動きについて，どうか常に注意を払うようにしてみてください。

2．改革潮流の変化

教育改革には，今の法規[1]の枠組みの中でできることをやる，という場合があります。今の法規の枠組みの中でやろうと思えばできたのに，実際にはやってこなかった，ということがあるからです。

しかし，大きな手直しのためには，枠組みそのものを変える必要がある場合があります。そこでは，法律を改正したり，省令や条例を新たにつくったりして，制度やルールを変える，というやり方がとられます。ここでは，教育の仕組みを国全体のレベルで変えていこうとしてきた改革の潮流を簡潔にたどってみましょう。

（1） 臨時教育審議会と90年代の改革

1980年代の初め頃の日本社会と学校の様子から話を始めます。

そのころには，「政府がさまざまな分野を細かくコントロールしすぎている」という議論が，経済界を中心にして登場してきました。「官から民へ」や「小さな政府」「規制緩和」などのスローガンが叫ばれるようになったのです。改革論を主張する人は，教育についても，文部省があれこれ細かく規制しすぎているという点を批判しました。

また，そのころは，受験競争の画一的な詰め込み主義の弊害が問題にされて

1：法規には，最も根本的なものとして日本国憲法があり，そのもとで，国会によってつくられる「法律」，内閣が定める「政令」や，各省庁が出す「省令」があり，さらにもっと細かな事項に関する，各省庁の「通達」や「告示」などがあります。地方自治体では，法律の範囲内で独自の「条例」がつくられます。教育のさまざまなことは，そうした法規に沿って定められています。

いましたし，校内暴力やいじめ・不登校のような，さまざまな学校問題が，大きな社会問題として騒がれていました。

そこで，当時の中曽根康弘首相は，昭和59(1984)年に内閣直属の**臨時教育審議会（臨教審）**を発足させ，教育改革プランの検討をさせました（昭和62(1987)年まで）。「これからの社会を見通した改革を行い，同時に，教育問題を解決する」というふれこみでした。臨教審では，教育の現状をどう評価するかについて対立を含んだ，激しい論争がなされましたが，結局，**個性重視の原則**や，**生涯学習体系への移行**という理念などが打ち出されました。

「個性重視の原則」とは，画一的な学校のあり方を見直し，多様化・弾力化を進める方向です。「生涯学習体系への移行」は，18歳の時点での大学入試で将来が決まってしまう社会ではなく，成人になった後の教育機会も充実させていこうとする考え方です。

この，臨時教育審議会の報告書の方針を引き継いだのが，1990年代の文部省です。文部省は，**中央教育審議会（中教審）**やその他の審議会に，改革のための具体的な案をつくらせました。そして，文部省はそれに沿って，一連の教育改革を進めていきました[2]。

こうした1990年代の教育改革は，全体としてみると二つの特徴がありました。

第1に，文部省があれこれ細かく規制するという，それまでのやり方を，部分的にやめる改革だったということです。全国一律の画一的な制度から部分的な多様化や弾力化を認める方向へ，という変化でした。「マイルドな規制緩和」路線と呼ぶことができます。また，「学習指導要領」の内容を約3割カットして，必須の教育内容を減らし，そのぶん現場でいろいろと工夫しろ，という路線が打ち出されました。詰め込み教育が中心だったそれまでの学校教育のあり方を変えて，学校現場での自主的な取組みや，子どもたちの自主的な学習に期待する改革だったのです。

2：たとえば，**第15期中教審答申**「21世紀を展望した我が国の教育の在り方について」第一次答申（平成8(1996)年）では，**「生きる力」**や**「ゆとり」**をキイワードにして，学校教育の教育内容をスリムにする方針が打ち出されました。また，第16期中教審答申（平成10(1998)年）では，**「心の教育」**の充実に向けた提言と，**教育委員会制度**のあり方を見直して学校の自主性・自律性を強める提言とがなされました。

第2に，この時期の改革論には，日本の社会も教育も，それなりに基本の部分はうまくいっている，という現状認識があったように思われます。1980年代後半から90年代の初頭までは，「バブル景気」という好景気が続きました。91年にバブルが崩壊した後も，「われわれは豊かさにあふれた社会を達成した」という雰囲気は続いていました。

　改革を進めた人の考え方は次のようなものでした。「詰め込み教育中心のこれまでの教育は，まだ社会全体が豊かでなかった時代の教育のやり方だ。このやり方では，独創性や創造性をもった人材は育たない。カリキュラムをもっとスリムにして，子どもたちが自分から努力していろいろなことを学ぶような教育こそが，これからの時代に必要な人間を育てる教育だ」と。「生きる力」という，ちょっと奇妙な言葉が出てきたのは，そういう発想が背後にあったわけです。いわば，日本社会の現状と未来に対する，楽観的なビジョンが背景にあったと言えるのです。

（2）　新自由主義と道徳強化論

　教育改革論に関する大きな転換が起きたのは，平成12（2000）年を迎える前後からです。上に述べた2点に対応させて，その変化を整理すると，次のようになります。

　第1に，教育改革論の方向に，大きな変化がみられました。二つの強力なイデオロギー（政治的考え方）をもつ人たちの影響力が大きくなり，彼らが，もっと大胆な改革を要求するようになった，ということです。

　その一つは，規制を緩和し市場原理や競争を活用していこうとするもので，**「新自由主義」**（neo-liberalism）と呼ばれます。90年代の改革路線がマイルドな規制緩和と呼べるものだったとすると，2000年代になって発言力が増した新自由主義の人たちの主張は，もっと徹底した規制緩和路線への転換，と言ってもよいでしょう。徹底した規制緩和路線とは，公的な規制をできるだけ撤廃することや，公的財政で支えられているサービス全体を廃止・縮減することが望ましいのだ，というふうに考える考え方のことです。「すべての公立学校を民営化してしまえ」という強硬な意見を主張する人もいます。

　ただし，こういう人たちの主張は，学校現場にもっと自由な教育をさせよう

というのではありません。学力テストや学校評価・教員評価などをどんどん制度化していって，学校同士・教員同士をお互いに競争させる。競争の結果は，点数や評価を公表させることで，世間に知らせる。——そうした競争と評価によって，国があらかじめ定めた目標を教育現場で徹底して達成させよう，というふうな考えです。

　もう一つは，ナショナリズム（国家主義）や道徳を重視する人たちの影響力が増大してきたことです。愛国心や道徳を積極的に教育で教え込むことで，個々人がバラバラになってきている社会に，道徳的なまとまりをつくりあげよう，という考え方です。平成18(2006)年12月の**教育基本法の改正**は，その考え方が色濃く反映した改正でした。すなわち，「国を愛する心」やそのほかの道徳的な諸徳目を，学校教育の場でもっとしっかり教えさせよう，というふうな改正だったわけです。

　第2に，こうした大胆な教育改革を求める声は，1990年代末頃から深刻になった，日本社会の停滞によるあせりや不安を反映していた，というふうにみることができます。

　バブルが崩壊した後の不景気からようやく立ち直りかけていた日本は，平成9(1997)年頃から数年間は，経済がひどい状態に落ち込んでいきました。その結果，日本社会のさまざまな仕組みを大胆につくりかえないといけない，というムードが社会全体に広がりました。

　市場原理や競争を活用する新自由主義的な改革が叫ばれるようになった一つの理由は，そういう，「『構造改革』をあらゆる分野でやらないと，日本は再浮上できないぞ」と考える人たちの勢力が大きくなったことによります。「構造改革」という言葉が示すのは，上で述べた，「新自由主義」の考え方に基づく社会の改造です。彼らは，「経済や行政の改革だけではなく，医療や教育などにも市場原理や競争を活用する仕組みの導入を」と主張しました。

　平成14(2002)年から本格的にスタートするはずだった「ゆとり教育」路線は，実際には，1990年代の終わりから，厳しい批判を浴びるようになりました。代わりに，いつの間にか，「学力向上」が，強く叫ばれるようになりました。特に，経済界からの「ゆとり教育」批判は厳しいものでした。経済の国際競争力が低下していくことへの不安を抱く人たちが，経済成長のための学力向上を主

張しているわけです。

　長引く日本社会の停滞は，もう一方で，社会の現状への悲観論や不安感を広がらせてしまいました。特に，社会を構成する人たちの間でのつながりの弱体化や欠如が，多くの人たちにとって，「問題だ」とみなされるようなムードがつくられてきました。そこから，「国を愛する心」の教育とか，奉仕活動の義務化などをはじめとした，青少年の道徳教育の強化論を強く叫ぶ人たちの影響力が強まったのです。

（3）　構造改革と保育

　こうした大きな改革動向，特に新自由主義的な構造改革の考え方が，保育の領域に及ぼしている影響についても，ここで少しだけ触れておきましょう。

　日本は長い間，保育の分野への公的助成が少なすぎることが問題になり続けてきました。特に，1980年代以降，働くお母さんが増加してきたり，離婚家庭が次第に増えてきたりする中で，保育を社会的にサポートするしくみを行政に求める声が，非常に強くなっていきました。

　そうした中，平成2(1990)年の**1.57ショック**——出生率の低下が深刻になっていることが大きなニュースになった——を契機に，子どもを生み育てる良好な環境を行政が整備していく必要性が，痛感されるようになりました。1994年には**エンゼルプラン**，平成11(1999)年には**新エンゼルプラン**など，本格的な少子化対策がつくられ，保育所の増設や多様な保育サービスの充実などが，ようやく進み始めました。

　ところが，2000年代に入ると，構造改革路線の改革の中で，公的な保育サービスを縮減する動きが強まってきました。公的助成をカットする動きがあらためて強まってきたのです。公立幼稚園の廃止と並んで，公立保育所の民営化や統廃合，運営費の削減や非常勤保育士への切りかえなどが進められつつあります。幼稚園と保育所を一体化した**認定こども園**の制度もスタートしましたが，財政的な支援が十分でない状態にあります。

（4）　最近の動き

　平成18(2006)年には，安倍晋三首相（当時）のもとで，**教育再生会議**がつく

られ，今後の教育改革の方向について検討をしました。その会議では，今述べた二つの改革論をさらに進めようとする方向で，議論がなされました[3]。

しかし，平成20(2008)年9月から始まった世界金融危機と，平成21(2009)年9月に起きた自民党から民主党への政権交代によって，事態は大きく変わり始めています。それらの出来事によって，改革をめぐる議論のムードが一変し，「今までの改革の方向に問題があり，別の方向に進むべきだ」と主張する人たちの声が強まってきたからです。私たちは，新しい局面に入りつつあります。

ただし，これからの教育改革がどう進んでいくのかは，不透明です。一つには，「別の方向」には，さまざまな考え方があるからです。たとえば，イギリスのように，それぞれの学校に大きな決定権を与えて，その代わりに厳格な評価や査察を実施していこう，という意見もあります。もう一方で，国が細かな基準や枠組みを決めて，最終的な教育の質を保障する役割を担い続けるべきだという意見もあります。これまでの教育のどこを見直し，どこを維持していくのかという問題には，だれもが納得する「正解」はありません（広田，2009）。

もう一つには，民主党が手がけた改革によって，教育政策を含めた政策全体を，政治家が大胆に見直すことを容易にする仕組みが作られたからです。政権交代前とは異なって，政治の動き次第で，思いがけない政策が，あっという間に決まってしまうことがありうることになりました（広田・武石，2009）。政治家主導の意思決定の仕組みに変化したことによって，教育改革の方向や速度がどうなるのかは，予測しにくくなってきているのです。

今後長期的にみて，教育改革がどういう方向に展開していくのかは，みなさんのほうで調べて，考えてみてください。そのためには，次に述べるように，さまざまな諸論の対立を検討していくことが，重要なポイントになります。

3．改革案と反対論，別の改革論

世間の注目を浴びている教育改革案には，だれかから**反対論**が出されることが，よくあります。大胆な改革であればあるほど，批判されるべき点はたくさ

---

[3]：教育再生会議は，平成19(2007)年末に解散するまでに，**教員免許の更新制**や**教育委員会制度の改革**など，さまざまな提言を含んだ三つの報告書を取りまとめました。

んあります。

　たとえば，上で述べた2000年代以降の教育改革の議論をめぐっては，教育界の内部と，政界や経済界などとの間に，考え方や現状認識について大きなズレがあります。教育界の外部から突きつけられる案や意見には，しばしば教育現場の実情や子どもたちの現実を無視している部分があるからです。そういう場合，改革推進論と並んで，多くの反対論が登場してくることになります。

　今進んでいる教育改革の性格を深く知るためには，そうした反対論にも目を配ることが必要です。反対論は，政治的な意見の違いを反映している部分もありますが，それだけではなく，「よい教育」の考え方の違いや，それを実現しようとする手段の良否についての判断の違いを反映しているからです。

　反対論にはいくつかの種類があります。

　第1に，改革案が実現しようとしている目標それ自体に対して，疑問が出される場合があります。たとえば，平成18(2006)年12月に教育基本法が改正されましたが，改正のねらいそのものを批判する声が強く出されました。

　第2に，掲げられている目的とは別に，マイナスの結果が生じてしまうことを危惧する反対論もあります。どの学校に通うかを親や子どもが自由に選択できるようにするという，学校選択制の全面的な実施に対する反対論がその例です。地域の中にある学校が，「良い学校」と「悪い学校」に二極化していって，平等な教育を保障できなくなってしまうのではないかと，反対論者は主張しています。「親や子どもが学校を自由に選ぶ」というプラスの面だけみていると見落とされてしまうような，困った結果を予測して反対しているわけです。

　第3に，改革を実現するために必要な条件整備がなされていない，という反対論もあります。改革の目的は悪くない。実施したら教育はもっとよくなるかもしれない。でも，実施するために必要な人やお金の手当てがなされていない，という反対論です。教員になる人たちにとっては，改革案の良し悪しを判断するための重要なポイントかもしれません。

　今動いている有力な改革案とは**別の改革論**にも，目を配ることが必要です。「教育をよくするための改革」には，多様な方向の可能性があるからです。

　政策論議の場で焦点になっていない，「別の改革論」には，実にさまざまなタイプのものがあります。マクロなレベル，すなわち，政策や制度のレベルで，

別の提案をしている改革論があります。ミクロなレベル，すなわち，学校づくりとか，指導方法のレベルで，今までのやり方とは異なる提案をしている改革論もあります。現実に即してすぐに導入可能な改革案もあれば，人々の考え方や政治の仕組みが変わらない限り，実現しそうにない改革案もあります。

　反対論や別の改革論も含め，多種多様な改革論について知り，考えることは有益です。これからの教育に関して，何が求められているのかを理解し，潜在的な可能性も含めて，教育を改善するのにどういう選択肢があるのかを考えるための材料になるからです。目の前の毎日の実践を越えた，広い視野や長い見通しを与えてくれることになるだろうと思います。

　先ほど述べたように，教育をよくするための改革・改善には，個別の教育委員会の判断でやれることも少なくありませんし，各学校や教員が自主的にやれることもあります。だからこそ，「上で決められた改革案の指示通りにやる」ということにとどまらず，「どのような改革や改善を，自分たちの手で自主的にやれるのか」を常に考えていってください。

　地方分権化の動きが進み，各学校での自律的な工夫・改善が，いっそう期待される時代になってきています。本当に実効性のある改革・改善は，個々の教員の人たちの判断や選択にかかっている部分が少なくありません。

演習問題

A． インターネットで文部科学省のホームページを閲覧して，教育改革で今何が問題になっているのかを調べてみてください。

B． あなたの住んでいる自治体が，どういう教育改革や保育改革を進めているのか，インターネットや文献資料を使って調べてみてください。

C． あなたが今，総理大臣になったら，どういう教育改革または保育改革を提案しますか。一つだけ考えてみてください。また，その改革を実現しようとしたら，どういう問題点や反対論をクリアしないといけないと思いますか。考えてみてください。

9章　保育・幼児教育制度の変化

　この章では，保育の制度について考えてみたいと思います。制度というとちょっと難しそうですが，「人間が人間らしく生きることを守る仕組み」が制度だと考えれば，その重要性を見過ごすことはできないと気づかれることでしょう。保育とは，目の前の子どもとのかかわりだけではなく，その親や，親につながりのある人たちを含む多くの人とのかかわりの中で行われるものです。そして，その営みを守るために，日本にもそれぞれの時代に合わせた保育制度がつくられてきました。ここでは，保育の制度設計の大切さを知りながら，自分なりにすべての子どもの幸せに適う保育制度を考えてみましょう。

1．保育制度ってなんだろう

　「保育制度」は，子どもを育てる人たちのあり方とともに変わります。子どもを育てる人たちに合わない制度など，制度としての意味がありません。特に，「お母さん」たち，つまり多くの時代や地域において子育ての担い手とされ，今でもその役割を最も期待されている母親たちにこそフィットした保育の仕組みである必要があります。もちろん，母親だけが子育ての担い手であることに多くの不都合が生じる状況であれば（現在がまさにその時代でしょう），母親を直接的に支援するだけでなく，母親以外の人たちが子育てを引き受けられる状況をつくっていくこともまた，保育制度を構想する際の課題になるということです。

　ここでは，保育制度が必要な子育て中のお母さん（時にはお父さん）の立場から，保育制度について考えてみようと思います。今の保育制度がなぜこのようなかたちなのか理解するために，ちょっと昔の日本へタイムスリップしながら，それぞれの時代の子育ての担い手になったつもりで，**状況に適した保育制**

度を構想してみましょう。

2．子どもと一緒にいられる時が幸せ―自分で子育てがしたい―

(1)　「生まれ」によって決まっている社会

　まずは，近代の始まりに位置する江戸時代へさかのぼってみたいと思います。時代劇に出てくる江戸時代ですが，この時代は，農民が支えていた封建社会でした。農民がつくった食べ物が年貢として武士へ納められることで成り立っている社会だったということです。私たちは，自分がつくったものは自分のもの，自分の身体は自分のものという考え方である「近代の思想」を当たり前のこととして生きています（立岩，1997）が，江戸時代はそれとは違う考え方を前提としていました。

　生まれてきた階級や性別などの「属性」は個人の力では変えようがないものですが，江戸時代には属性によって人の生き方の大筋が決められていました。農民に生まれたら農民として生きるしかない，武士へと年貢を納め続けなくてはならい，そういう時代でした。そして，もし万一年貢を納められない場合には，農民は容赦なく処罰さました。「年貢に詰ると子女を売り女房を質入することは通常」（児玉，1951）だったというのですから，その過酷さには驚かされます。農民のお母さんたちは，農作物の出来が悪く年貢を納めることができなければ，子どもを売り，自分の身を売ってでも生きていくしかありませんでした。農民に生まれた人にとっては，多くの試練があったことでしょう。

　士族には士族の，商人には商人の苦労もありましたが，ここでは日本人の9割をしめていた農民の生活によりそって，もう少し子育ての様子をみていこうと思います。

(2)　農作業の合間の子育て―農村の子育て―

　江戸時代の子育ての仕方は，明治維新とともにだんだんと変容していきます。江戸時代に農民だった人たちも，近代国家形成に向けた明治政府の**四民平等施策**によって，**生まれに縛られる生活から解放**されました。制度としては，誰もが自ら選んだ仕事につくことができるようになり，自分で自分の人生を築いて

いくことができるようになったのです。

　もちろん近代の幕開けであるこの時代，ことはそれほど単純ではなく，農民が直ちに自由に生きられるようになったわけではありません。農村のお母さんたちの暮らしは，明治，大正，昭和という時代を経ても変わらずに過酷でした。地租改正（1873年）で土地を自分のものとし，年貢を納める必要から免れた農民でしたが（私有制），しかし地租（税金）が払えないために土地を奪われ，自作農から小作人へと転落し，地主制度によってつくった作物を自分のものにできないような貧しい生活が続くことも少なくありませんでした。

　農作物の収穫が少ない飢饉の時など，家族が餓死しないように，産まれた子をもう一度あの世に「返す」，子殺しの慣習も地域によっては明治中期までありましたし，1910～30年代にも嬰児殺しが流行したり，養育料をとって他の人の子どもを養子にしたのに次々と餓死させる事件が農村ではおこります（太田，1987）。今の私たちの感覚からすると，「え？　飢えるからといって，子どもを殺しちゃうの？」と何か腑に落ちないかもしれませんが，家族の餓死を経験してきた日本の農民の世界には，「間引き」といって，農作物を間引くように一定数の子どもをあの世に返し，他の**残された子どもが丈夫に育つようにする慣習**があります。「間引き」は，母体を痛める可能性のある堕胎より，産まれたばかりの子どもをあちらの世界へ「戻す」，**生まれかわり（輪廻転生）を前提とした農民の産児調節（バースコントロール）**だったのでしょう。

　明日の我が身さえどうなるかもわからない貧しい毎日の中で，それでもお母さんたちは育てられる子どもを必死で育てました。赤ちゃんが泣けばお乳をあげます。でもお乳だけをゆっくりあげている時間などありません。お乳をあげながら家事や手仕事もします。お舅お姑さん（義父と義母）がいる家であれば，子育てだけをのんびりやっているようなお母さん（嫁）は叱られてしまったでしょう。

　東北地方の農家には，「嫁には赤子を風呂へ入れさせるな」という言い方があるそうですが，これは，過酷な農作業に疲れた母親が子どもをお風呂へ入れると，母親が子どもを抱いたまま疲れて眠ってしまい子どもを水死させてしまうことがある，だから，母親に風呂入れを任せてはいけない，ということだったようです。実際に，お母さんが疲れてうとうと眠ってしまい，お風呂で死ん

でしまった赤ちゃんもいたのでしょう（菊池・大牟羅，1964）。

　また，あなたが農村で働くお母さんだとして，夜中に夜泣きする赤ちゃんを泣きやませ，静かに寝かせなければならない時のことを考えてみてください。疲れたお母さんは「添え乳」（添い寝し，お乳をあげながら横になって一緒に眠る）をして赤ちゃんの空腹を満たし，泣きやませ，寝かせようとするでしょう。ところが，お母さんは疲れているのでお乳をあげたまま眠ってしまい，寝ている間にうっかり赤ちゃんを胸でつぶして窒息死させてしまうようなこともありました。こうした不慮の事故は，実は戦後になってもなくなりません。

　家族の生き残りをかけて産んだ子を間引く過酷さを背負ったり，あるいはかわいい我が子を図らずも自分が死なせてしまったりするお母さんの立場に立ってみれば，何か，お母さんに役立つ保育制度を考えたいところです。

（3）子育て習俗——お母さんを助けるもの——

　しかも当時，他家に嫁ぐかたちをとる「嫁」に嫁ぎ先での居場所を与えたのは，嫁ぎ先の「子どもを産み育て跡継ぎを残す」ことでした。夫の家に暮らした嫁の立場を考えると，保育制度の構築にはさらなる配慮が必要です。夫の子どもを立派に産み育てることで，「嫁」であるお母さんの居場所が確保されているとき，子育てを助ける保育制度だといってお母さんの子育て役割を奪い過ぎてはいけないのかもしれません。かといって，若い母親たちが，農作業の重労働を強いられながら，嫁ぎ先の子どもを産み育てる責任を負わされ続けるような女性の社会的地位の低さについては，考えるべき構造があるでしょう。自分の子どもでありながら自分の思い通りに育てることはできず，でもその子どもこそが嫁ぎ先での自分の居場所を保障してくれる状況です。子どもを不慮の事故などで死なせてしまった母親は，子どもだけでなく，嫁ぎ先での自分の居場所も失い，とても辛い思いをしたのです。

　赤ちゃんをおぶってではできない激しい農作業のときには，「エジコ[1]」という藁などを敷いたカゴに子どもを入れ，田んぼのあぜ道などに置いておきました（横山，1986）。赤ちゃんはカゴの中からお乳が欲しいとか，さみしいとか，

1：エジコは，嬰児籠と書かれ，地域によって「イズメ」や「ツグラ」などとも呼ばれた育児器具。農繁期に藁などをしいて赤ちゃんを入れておいた籠のこと。

泣いてお母さんを呼びますが，お母さんは農作業が忙しくてそれどころではありません。嫁は家事や野良作業などの多くの仕事をしながら，その合間に子どもを育てるしかありませんでした。子育てだけに専念する時間が特別にあったりはしません。お義母さんやお義父さんに気を使いながら赤ちゃんにお乳をあげ，**農作業や家事の合間に育てていたのです**。

　あるいは，赤ちゃんは，お母さんの代わりに「子守」におぶってもらっていました。詩人の三木露風が1921年に作詞した「赤とんぼ」という童謡（山田耕筰作曲）に，「十五でねえやは嫁にゆき」という歌詞がありますが，この「ねえや」とは，単なる「姉」ではなく，「子守のお姉さん」のことです。三木が幼少期を振り返って書いた「赤とんぼ」からは，当時の女性のライフサイクルが，6〜7歳にもなれば「ねえや」として子守奉公へ出て働き，わずか15歳にして嫁いでいくものであることが推察されます。

　こうした「エジコ」や「ねえや」は，農村の子育ての中にあった育児習俗ですが，これらはお母さんの子育てを補う仕組みでした。明確な保育の制度はなくとも，**子育ての習慣や人のつながりによって**，**お母さんは助けられていたの**です。でも，子どもを一所に集めて皆で育てる，たとえばお母さん同士で協力して誰か保育をする人を置くとか，保育の当番をするなどして子育てを分担し合うような「子どもを集めて育てる」習慣はみられません。昔の農村は皆で仲良く子育てした（「群れの子育て」があった）というイメージもありますが，「エジコ」や「ねえや」が全国に広く存在したことから察するに，やはり最終的な子育ての責任は個々の家にあったのだと思われます。お母さんは，「エジコ」や「ねえや」という個別の援助を得ながら，でも舅や姑には気を遣いながら，基本的には自分で子どもを育てていたのではないでしょうか。

　自分の子どもを思う存分かわいがりたい，ゆっくりお乳をあげて抱っこしたい，子どもとのんびりと一緒にいる時間をもちたい，誰にも口出しされず自分の子どもとして育てたい，それが江戸時代から戦後にかけて日本の農村に生きた多くの母親たちの願いだったのではないでしょうか。

3.「自分で」だけでは子育てできない
―幼稚園と保育所の誕生―

(1)「良妻賢母」思想と幼児教育の開始―幼稚園の始まり―

　明治5(1972)年,近代学校制度「学制」が公布され,誰でも教育を受けられるようになりました。しかし貧しい農村で,数えで6～7歳にもなればさまざまな労働に従事していた子どもたちが学校に通うことは実質困難でした。実際に日本の子どもたちのほとんどが学校に通うようになったのは,学制公布から実に五十年以上を経た1920～30年代だったと言います(土方,2002)。家族の生活に余裕がなくては,労働力である子どもを学校には出せません。当時の「不就学の申請書」,つまり学校に行かなくてもいいことにして下さいというお願い文の中には,「生活極めて困難故に本人を要す」というものがよく出てきます。小学生ともなれば,子どもは家の働き手として必要とされていたのです(大門,2000)。

　それでも,制度が変わることで何かが変わってはいくものです。学制公布からわずか4年後の明治9(1876)年,東京女子師範学校(現お茶の水女子大学)に**日本で最初の幼稚園が誕生**しました。当時の女子高等教育の目的は,**科学的に家事や育児のできる良妻賢母の養成**でした。「良妻賢母」とは,字義通り「良き妻で賢い母」のことですが,女性のための高等教育(大学)が,子どもの育つ場を公に拓いた幼稚園とともに始まったことは単なる偶然ではありません(小山,1991)。小さな子どもが幼稚園という制度を通して公の保育・教育の場に出ることと同時に,母親が担っていた子育てという営みが女子大学の授業の内容になり,公の関心事となっていったのです。

　ところで学制では,就学前の教育について「幼稚小学ハ男女ノ子弟六歳迄ノモノ小学ニ入ル前ノ端緒ヲ教ルナリ」と記されています(明治期の文章は読みにくいですね)。つまり,「幼稚小学」とは「6歳までの男女の子どもに小学校に入る前の始まりの部分を教えるところです」という意味ですが,この部分はフランスの「学制」からの翻訳でした。

　当時フランスには,貧しい子どもを対象にした「慈善施設」兼「幼児期の学

校」である保育所（保育・教育の場）がありました。ヨーロッパの**福祉と教育の両機能をもつ乳幼児施設**を視察した日本の行政官が，その施設の日本での必要性を認め，幼稚園が制度化されます。ただし，ここで範とされ「育幼院」と訳されたフランスの保育所（アジール）は，日本の学制として移植された際，先にみたように「育幼院」ではなく小学校の一種である「幼稚小学」と規定されます（湯川，2001）。

しかも実際に設立された日本の幼稚園へ通ってきたのは，徳川御三家などの，かつての大名の子どもたちでした。彼らはお付き女中のような付添人と馬車で登園してきました。幼稚園は，すべての子どもに開かれた保育の場として構想されましたが，初めのこうしたいきさつの中で幼稚園は贅沢なものというイメージが定着します。東京女子師範附属幼稚園の園児たちのほとんどが，おそらく制度構想者の意図とは離れて，当時の富裕者，つまりかつての武士や貴族の子どもたちでした。以後，文部省は再三，「貧民」のために幼稚園の門戸を広げ，幼稚園の大衆化を図りますが，結果として幼稚園の普及は，「富裕」層から都市の「中間」層へと，モダンな保育施設として徐々に定着してきました（池田・友松，1997）。5歳児の幼稚園就園率は，明治の終わり明治44(1911)年に2％になり，幼稚園令が出された大正15(1926)年にようやく6％程度の普及率でした（浦辺・宍戸・村山，1981）。

（2）働くお母さんのために─保育所の始まり─

では農村のお母さんや子どもはどうなったのでしょうか。

明治9年に日本初の幼稚園ができたものの，それは誰もが通うにはまだまだ敷居の高い場所でした。しかし学制の公布と同時に，実は学校に乳幼児が集まるしくみができていました。それは，特に**女児の就学率が上がらない背景にあった子守奉公人への対応**として，明治13(1880)年，都道府県に「子守学校」の設置が命じられたからです。

明治10年前後から，できたばかりの小学校に付随した「子守学校」が開かれ始めました。たとえば，茨城県小山村の子守学校には，小学生の学習の場「教場」と，2歳以上の幼児の遊び場「遊戯室」，そして2歳未満の午睡と保育の場「鎮静室」がありました（渡辺，1884）。ここでは，子守である学齢期の子

どもが交代で保育をし，お互いに勉強のできる時間を確保しました。**乳児保育の場と幼児保育の場，そして子守学習の場が子守学校にはあったわけです。**学校制度に付随した保育の場でしたが，「子守学校」は，働く母親に代わって子どもを集めて保育をする保育所の一つの先駆けだったと言えるでしょう（宍戸,1994）。

　また，明治後半から大正の時期になると，都市部には農村（地方）出身の工場で働く女性が増えました。女性が農作業以外の場，家の外で働くようになったのです。そしてたとえば，工場で働く女性が，工場で働く男性と出会って結婚することになりました。それまでの農村のように，親の決めた相手と結婚し，夫の家に嫁ぎ，舅や姑に仕えるお嫁さんではなく家庭の妻が増えていきます。物価が高くなっていった当時，**男は外で働き，女は内で家事育児**ということが可能な家庭ばかりではありませんでした。夫の給与だけで食べていくには十分でなく，妻も仕事を続けなくては食べていけません。そんな中子どもが生まれると，都市の工場勤務で頼る人もないお母さんは，本当に困ってしまいます。

　こういうお母さんたちに対して，工場の経営者の中には，安くて使いやすい**婦人労働力を確保する手段として，工場内に託児所と呼ばれる保育施設を設置**する人も出てきました。子どもを工場の機械の近くに連れて行きながら仕事をするのは危なくていやだな，と思っていたお母さんたちは，託児所を利用するようになります。仕事の休憩時間になると職場内にある託児所へと，お乳をあげに走るのです。

　また，こうした働くお母さんのために，**社会事業や公共の仕事に自主的に協力する篤志家も，保育の場をつくる**ようになりました。ただ，一体いつ誰が初めに，働く人の「足手まとい」になる乳幼児を保護する保育の場をつくったのか，今なおよくわかっていません。かなり早くからそういう施設はあったようなのですが，保育所の起源に位置づく「託児所」は幼稚園とは異なり，教育の行政官や政府の役人が主導してつくった施設ではないので，記録が残っていません（岡田，1970）。1920年頃の大正期には，治安維持を目的として社会局管轄の公立の託児所が設置されるようになり，工場託児所や農繁期託児所[2]を除いても，公私立合わせて300ヵ所の託児所が運営されていたことがわかります。

　世界史上では，繊維工場の経営者だったロバート・オウエン[3]が1816年につ

くった工場で働く貧しい子どもたちのための保育施設が最初です。

4．日本の幼稚園と保育所—幼保一元化にむけての長い道のり—

　日本の幼稚園と保育所の保育制度は，制度設計者の意図を超えて，階層差を含みながら成立してきました。日本が近代化する中，それまで各家族の責任として営まれてきた乳幼児期の子育てや教育が，多様なまま，公の領域の課題として引き受けられてきた過程だったのでしょう。小さな子どもを育てる保育の場は，子どもや親の生活そのものを引き受けることになるため，**生活スタイルに合わせたさまざまな制度（現実には幼稚園と保育所）**が必要だったのは，無理からぬことであったかもしれません。

　しかしもちろん，幼稚園と保育所が二元的に制度化されるにあたっては，子どもの権利に鑑みて，なんとか一元化したい，という思想や運動がこれまで数限りなくありました。明治から平成まで，幼保の一元化が保育制度論の話題にならない時期はなかったでしょう。

　ぜひ考えてみて欲しいのは，たとえば昭和10(1935)年，「託児所」を利用しているお母さんへの調査には，「託児所に行けないと手内職の邪魔になるのでついつい小遣いをもたせ外に出し浪費させてしまう」「折角の託児所教育を家に居ると打ち壊してしまうから一旦入所したものは学齢まで通わせて欲しい」という意見があることです。当時の「託児所」も，今の保育所と同じように，定員より多くの人が保育の場を必要としていたため，「託児所」は常に待機児童を抱えている状態でした。実際，日本の保育史上，都市部に待機児童のいなかった時代はないかもしれません。この頃の定員枠への対応は，手のかからなくなった就学前の子どもには退所してもらい，手のかかるより小さな子どもを

2：農繁期託児所は，筧雄平（1842-1916）によって1890年に鳥取県気高郡美穂村に開設されています。農村問題が深刻になる昭和期に入ると，地主と小作との階級対立を緩和し，農業生産性を向上させるために，1930年に2,519ヵ所，10年後には10倍の22,758ヵ所に急増しています。

3：ロバート・オウエンは，イギリスのニュー・ラナークで労働者の子どもの工場労働をやめさせ，性格改良のための幼児学校を創設した人。「人間は環境によって変えられる」としました。空想社会主義者とも言われます。

優先して受け入れるというものでした。

しかし，お母さんたちは，遊戯・唱歌・手技などの幼稚園と同じ保育実践やその教育的な配慮を好ましいもの，子どもに必要なものと考えており，途中でやめさせないで欲しいと思っていたのです（岡田，1970）。こうした状況がある場合，どのような保育制度を整える必要があったのでしょうか。

また，戦後になってから**保育所は厚生省，幼稚園は文部省という管轄省庁の二元化**によって，幼稚園の保育所化や，保育所の幼稚園化が，常に問題視されてきました。しかし，親や子どもが求める保育のあり方に応える制度を構想するならば，こうした省庁の分割や，既成のインフラに縛られすぎてはならないでしょう。私たちは，子育てをする親，育っていく子ども，また保育の現場で働く保育者にとって居心地のよい保育の場を，これからも考え続けていく必要があります。すでにある幼稚園と保育所という制度を生かしながらも，それに縛られ過ぎることなく，現実の保育に質する制度を構想していきたいものです。

演習問題

A. 江戸時代のような封建社会で可能な保育制度を考えてみてください。実際の歴史では，明治維新を経て近代社会へ移行する中で公的な保育制度が整ってきました。その実際の経緯を踏まえながらも，より「農民のお母さん」や「農民の子ども」に近い視点から保育制度を構想してみてください。

B. 母親の就労の有無によって保育の場が分けられていることについて，子どもの視点にたって，そのメリット／デメリットについて考えてください。

C. これまでに登場した「幼保一元化」の議論を整理し，自分なりに今後の保育制度をつくってみてください。

10章　教育の方法

　本章では，まず幼児教育における方法と内容を，一般的な学校教育における方法と内容と比較しながら理解しましょう。それから，「幼稚園教育要領」と「保育所保育指針」の具体的な内容と変遷をたどっていき，最新の改訂・改定のポイントも紹介します。さらに現在の幼児教育における新たな指導と援助について，注目すべき言葉・概念としてカウンセリングとプレイ・セラピーを紹介します。次に幼児の日々の中心的な活動であり，かつ重視されている活動である「遊び」を検討し，最後に保育のさまざまな形態（対象人数別，活動形態別，クラス編成別）を整理し，把握することをねらいとします。

1．幼児教育における方法

（1）　幼児教育における方法と内容とは
〈事　例〉

> 　実習生（以下，Ｊと略記）：お当番さん，じゃあ今日はまず「だ」のつく言葉を言ってみましょう。動物でも食べ物でも何でもいいよ。できれば動物がいいかな！？
>
> Ａ：おだんご。
> Ｊ：Ａ君，おだんご好き？
> Ａ：う〜ん，おばあちゃんが好き。僕は嫌い。
> Ｊ：どうして嫌いなの？
> Ａ：嫌いだから，嫌い。
> Ｊ：あっそう……

J：じゃあBちゃんは？　できれば動物がいいかな。
B：ダマスカス！
J：ダ，ダ，ダ，ダマスカス？
B：昨日，パパとママとテレビで観た。
J：ダマスカスねえ……
B：ダマスカス！　ダマスカス！　ダマスカス！
　　（＊他の子どもたちも真似をして，「ダマスカス」と連呼する）
J：Bちゃん，静かにしなさい！

J：Cちゃんは？　どうかな。
C：え〜と，う〜ん，だ・い・す・き。
J：だいすき？う〜ん，Cちゃんは，誰が大好き？
C：保育園のお友達，みんな大好き。
J：大好きもいいけど，「だ」がつく動物は，何か知らない？白と黒の模様があるのとか……
　　（＊実習生は，前日パンダの絵を徹夜で書いていた）
C：だ，だ，だ，だ，だ，そうだ，大ちゃんちのネコだ！
J：大ちゃんちのネコ！……もういいわ！！
C：「だ」がつく動物を言ったのに……
　　（＊Cちゃん，泣き出す）
J：ごめん，ごめん，Cちゃんは悪くないよ。
　　（＊実習生も泣き出す，つられて他の子どもたちも泣き出す）

〈責任実習中断〉

　上の事例は，保育所実習において年中（4歳児）クラスの**責任実習**[1]を任された実習生が，自分で作成した指導計画案をもとに保育活動を始めるにあたって，導入として実習園が通常行っている言葉遊びを取り入れた時のひとこまです[2]。

1：責任実習とは，「保育所実習・教育実習（幼稚園実習）中に，実習生が担当保育者と同じ立場になり，保育実践を行うこと」です。責任実習には，1日の内の特定の保育活動時間だけ指導する「部分実習」と，1日の全体を指導する「全日実習」に大別されます。この責任実習は，通常，実習の総まとめとしてとらえられていて，実習期間の終盤に行われる場合が多いです。また園によっては，この責任実習を総合実習と呼ぶところもあります。

田中（1993）によれば，教育とは，いつの時代の，どこの国の教育にもあてはまるものとして，「**教育とは，人間が他の人間に対し，価値的な方向に向けて，その人間形成を助長しようと，意図的に働きかける作用である**」と定義しています。この事例の実習生も子どもたちに対して，意図的に（誘導的に？）働きかけていますが，なかなか伝わりません。方法が悪いのでしょうか，それとも環境設定が不十分なのでしょうか，いや，そもそも保育活動を行ううえで前提となる，実習園の指導方針や子どもの状況の把握が足りないのでしょうか。
　この章では，まず学校教育における一般的な教育の方法と内容を整理したうえで，先の事例で実習生が上手く責任実習を行えなかった点を踏まえて，幼児教育における方法と内容を検討し，最後に幼児教育における中心的な活動である「遊び」と保育の形態を検討し，新たな視点と援助について考えていきましょう。
　なお，本章で使用する「幼児教育」と「保育」という言葉の使い分けについて，少し触れておきます。「保育」という言葉は，字源的な漢字本来の意味では，「生まれてきた子どもを大切に守り，善い方向に育てる」ということになります。「保育」は，明治初期から戦前期にかけて，幼稚園での教育的な営みについて使われ，その後幼稚園関係法令で定着し，託児施設（保育所系統の施設）においても用いられました。戦後もしばらくは，その状況は変わりませんでした。昭和31（1956）年に「幼稚園教育要領」が刊行された頃から，当時の文部省は幼稚園関係の公的文書において「保育」という言葉を使わずに「教育」という言葉を使用するようになりました。このことは，幼稚園が学校教育体系の基礎的な部分に位置づけられた教育機関だからです。この流れは現在も続いてはいますが，幼稚園の現場においては，「保育」という言葉の方が一般的にはよく使われています。これに対し，昭和22（1947）年に制定された児童福祉法においては，「保育所における保育」と「家庭における養育」を意味します（大沼・榎沢編，2005）。これらを踏まえたうえで，かつ本書名の「教育原理」を意識して，「**本章で使用する幼児教育という言葉は，保育という言葉も含んだもっと広い意味の概念**」だと思ってください。

2：この事例は，平成17（2005）年8月，筆者が青森県八戸市の保育園で行われた第Ⅱ期保育所実習中の巡回指導において，観察した責任実習の様子をもとに作成したものです。

さて，学校教育における教育の方法といった場合，みなさんはどのようなことを思い浮かべるでしょうか。「方法」という言葉から，マニュアル的な手引きやガイドブックを連想する人もいるかもしれませんが，当然のことながら**「教育という営みにおいて，正解のあるマニュアル的な手引きやガイドブックはありません」**。一般に，学校教育における教育の方法といった場合は，教育技術の方法，つまり，授業技術の方法を指す場合が非常に多いです。このことは，授業が学校現場における教師の実践的な指導の中心であり，その技術の良し悪しが教師の評価基準にもなるからです。しかも，授業技術といっても，それはマニュアル的な授業の技術方法を指すのではなく，授業計画・教材準備・その時間の目的・今後の展開，といった多面的で総合的にとらえることが望ましいものを指す，と考えられています（柴田他編，1990）。

これに対して，マニュアル的な授業の技術方法を志向する運動として，1980年代後半から90年代にかけて主に若い教師に広がり，教育現場に大きな影響を与えた**教育技術の法則化運動**というのがありました。この運動は，向山洋一を代表とする民間教育団体の運動で，全国の教育現場で実践されている優れた教育技術を集め，共有財産化することを目的とするものです。「教育技術の法則化運動」の考え方は，従来の授業技術の考え方－たとえば，「教育的タクト」[3]のように，授業中の子どものさまざまな反応に対する教師の力量として，教師の授業における展開能力を検討する考え方－をより具体的に，より焦点化したものととらえることもできます。しかし，授業の目標やねらいを重視しないという主張や，教育思想そのものの欠如，体系的な理論が無い技術主義，といった厳しい批判もありました（西郷，1989）。

学校教育における教育の内容といった場合は，一般に，教育課程（カリキュラム）[4]，学習指導要領，教科書といったものにかかわること，と考えていいでしょう。教育課程（カリキュラム）は，教育内容に関する全体的な教育計画

3：タクト（Takt, tact）とは，語源的には，人との「接し方」という意味で，人と接する際の「気転」「機才」「応答力」などを指します（柴田他編，1990）。

4：カリキュラム（curriculum）とは，語源はラテン語のクレーレ（currere）に由来した言葉で，「競馬場のレースやコース」を意味し，それが学校教育の文脈に転用され，「学習・教育の道筋」を意味するようになったといわれています（狩俣他編，1985；上野編，2007）。

を意味します。学習指導要領は，小・中・高といった学校段階別の教育課程（カリキュラム）編成に関する国の基準です。教科書は，この学習指導要領に準拠してつくられています。

それでは，幼児教育における方法と内容はどうでしょう。幼児教育においては，特に実践活動を行ううえで，方法と内容を考えることは非常に重要です。どういう方法を用いて，どういう内容の活動を子どもたちに伝えるか，ということを保育者が意識することは，子どもたち一人ひとりの発達段階，個性を把握して，かつ保育活動を行うまでの子どもたちの状況，環境設定も踏まえ，それに応じた準備を済ませておく，ということを意味します。このことは，乳幼児[5]の発達の速度が著しく，個人差も大きく，自発性を重視し，安全面への配慮から必要なことです。

最初に紹介した事例の実習生は，まず「だ」のつく動物＝「パンダ」という固定観念がちょっと強すぎたのではないでしょうか。その園で，実際のパンダを見たことがある年中の子どもたちは，はたしてどれくらいいたのでしょうか。また「だ」がつく言葉，といった場合，年中の子どもたちは，「『だ』のつく言葉」＝物の名前＝名詞，ということがどれくらい理解できるでしょうか。これらの把握が足りず，実習生が感情的な行動に出たために，結果として責任実習が中断してしまいました。前もってこれらの点を十分把握したうえで，柔軟に対応できるような準備，たとえば「だ」のつく物の名前を書いた絵を何枚か用意しておくべきだったのでしょう。

この事例から，改めて幼児教育の方法と内容を決定するためには，子どもたちを取り巻くさまざまな要因をていねいに把握することが大前提であるということが，みなさんもわかったでしょう。それでは，そのような幼児教育の方法と内容を検討するには何を参考にすれば良いでしょうか。それは，具体的には幼稚園教育要領と保育所保育指針です。

（2） 幼稚園教育要領と保育所保育指針の内容と変遷

幼稚園教育要領[6]と保育所保育指針[7]は，簡単に言うと，それぞれ幼稚園，保

5：乳幼児とは，乳児と幼児を合わせた呼称で，一般には，誕生から小学校就学までの子どもを指します（森上他編，2004；保育小辞典編集委員会，2006）。

育所で活動を行ううえでの基準・手引きのようものです。

「幼稚園教育要領」は，昭和31(1956)年に刊行された，幼稚園が従わなければならない保育内容に関する基準で，文部省（現文部科学省）告示として法的拘束力を有します。

幼稚園における保育内容と保育方法は，「幼稚園教育要領」では，まず第1章「総則」で，幼稚園教育の基本，目標，教育課程の編成が説明され，次の第2章「ねらい及び内容」，第3章「指導計画作成上の留意事項」で，具体的な活動が，「**5領域**」[8]を中心に説明されています。「5領域」とは，平成元(1989)年改訂の「幼稚園教育要領」において，幼稚園教育の目標を達成するための保育内容で，幼児の発達の側面から五つの領域に分けて示したもので，具体的には以下の五つに分けることができます。

「**健康**」：健康な心と体を育て，自ら健康で安全な生活をつくり出す力を養う。
「**人間関係**」：他の人々と親しみ，支え合って生活するために，自立心を育て，人とかかわる力を養う。
「**環境**」：周囲のさまざまな環境に好奇心や探求心をもってかかわり，それらを生活に取り入れていこうとする力を養う。
「**言葉**」：経験したことや考えたことなどを自分なりの言葉で表現し，相手の話す言葉を聞こうとする意欲や態度を育て，言葉に対する感覚や言葉で表現する力を養う。
「**表現**」：感じたことや考えたことを自分なりに表現することを通して，豊かな感性や表現する力を養い，創造性を豊かにする。

6：幼稚園教育要領は，学校教育法第77条の規定により認可された幼稚園に対して，教育課程を編成し，それに基づく指導計画を作成するうえで従うべき国が示す基準です（前掲，2006）。
7：保育所保育指針は，児童福祉法第39条の規定により認可された保育所に対して，保育計画を編成し，それに基づく保育計画を作成するうえで参考にすべき国が示すガイドラインです（前掲，2006）。しかし，本文に示したとおり，平成20(2008)年の改定で，「通知」であったものが，幼稚園教育要領と同様に「告示」となり，法的拘束力を有するようになりました。
8：昭和31(1956)年改訂の「幼稚園教育要領」では，「健康」「社会」「自然」「言語」「音楽リズム」「絵画製作」の6領域でした。

これら5領域は,「小学校の教科のようにそれぞれが独立している区分ではなく,幼児期の発達をみる五つの視点である」と考えたほうがいいでしょう。これら5領域をしっかり理解したうえで,保育現場における子どもの実際の様子を踏まえて,保育内容,保育方法を検討する必要があります。
　幼稚園教育要領にみる保育方法の基本理念としては,キーワードとして,「主体的な活動」「自発的な活動」「遊び」「総合的」「一人一人の特性」などが挙げられます。平成10(1998)年の改訂においては,生きる力,高齢者とのふれあい,道徳性の芽生え,知的発達を促す環境,などが新たに強調されています。
　そして,平成20(2008)年の最新の改訂では,要点として,①発達や学びの連続性を踏まえた幼稚園教育の充実,②幼稚園生活と家庭生活の連続性を踏まえた幼児期の教育の充実,③子育て支援と預かり保育の充実,が挙げられています(民秋,2008)。
　「保育所保育指針」は,昭和40(1965)年に示された,保育所における保育内容のガイドラインで,厚生省(現厚生労働省)より通知されているもので,「幼稚園教育要領」とは異なり,これまで法的拘束力はもちませんでした。
　しかし,平成20(2008)年の改定で,「通知」であったものが,幼稚園教育要領と同様に「告示」となり,法的拘束力を有するようになりました。なお,現行の「保育所保育指針」においても「幼稚園教育要領」と同様に,保育所保育の目標を達成するための保育内容を,幼児の発達の側面から五つの領域に分けて示した「5領域」があります。
　保育所における保育内容と保育方法は,「保育所保育指針」では,これまでは,まず第1章「総則」で,「保育の目標」,「方法」,「ねらい及び内容」などが説明され,第2章「子どもの発達」で,基本的な子どもの発達の説明の後,第3章以降,保育内容が子どもの発達過程に従って,「6か月未満児」「6か月から1歳3か月未満児」「1歳3か月から2歳未満児」「2歳児」「3歳児」「4歳児」「5歳児」「6歳児」の八つに分けられていました。しかし,今次の平成20(2008)年の改定では,第3章が「保育の内容」としてまとめられ,「保育のねらい及び内容」,「保育の実施上の配慮事項」の二つの事項が設定され,後者において,乳児保育,3歳未満児保育,3歳以上児保育に分けて説明されてい

ます。

　保育所保育指針にみる保育方法の基本理念としては，キーワードとして「一人一人の子ども」「自発的」「主体的」などが挙げられます。平成11(1999)年の改訂においては，子どもの主体的な生活を強調し，さらに子どもの人権やプライバシーに関する配慮事項も追加されました。今次の平成20(2008)年の改定では，先に示したように，「通知」から「告示」となり，法的拘束力を有するようになり「児童福祉施設最低基準」として位置づけられました。そしてこれに伴い，法律として遵守し，保育の質を高めていくために大綱化（要点を押さえ簡明に示すこと）が図られ，各園が創意工夫をこらすことが求められています。このように，制度的，形式的には大きな変化があったが，基本的な内容についてはほとんど変化はない，と指摘されています（前掲，2008）。

（3）　幼児教育における新たな指導と援助—カウンセリングとプレイ・セラピー—
　最後に，幼児教育における新たな指導と援助として，**カウンセリング**(counseling) と**プレイ・セラピー**（play therapy）を紹介しておきます。
　カウンセリングという言葉は，カウンセラー（counselor）と共に，みなさんもすでに聞き慣れた言葉でしょう。イメージとしては，何か相談事に対して心理学的にアドバイスしてくれるというような感じでしょうか。カウンセリングとは，辞書的に説明すると，「人々が成長や適応を阻害する障害に出会った時，その問題を解決したり，克服したり，あるいは個人的な能力を最大限に発達できるように，専門的な知識や技能をもったカウンセラーとの対人関係を通して，人々に助力を与えようとする援助活動」で，保健，教育，労働など，幅広い分野で利用され，さまざまな領域の専門家によって実施されており，心理療法的なものから，助言指導を行うものまであります（前掲，2004）。簡単に言うと，「ある問題に対して助けを求めに来た人に対して，専門的な知識・技能をもつ人との相談のこと」を指します。そして，この助けを求めに来た人（相談者）をクライエント（client），援助する人がカウンセラーです。また，このカウンセリングにおいて，カウンセラーが相談者に対して，支えようとする態度や心構えをカウンセリング・マインド（counseling mind）といい，これは日本独自の造語です（前掲，2006）。このカウンセリング・マインドの考

え方は，幼児教育や保育の世界においては，指導や援助の技術・能力というよりも，特に保育者の資質として，重要でしょう。なぜならば，保育者は，未成熟な幼児の内面を察して，お互いの信頼関係を築きつつ，援助してあげることが必要不可欠だからです。

幼い子どもたちは未成熟のため，直面する問題に対して言葉ではなく，遊びを通して行う心理療法もあります。その方法が，プレイ・セラピーであり，日本語では「遊戯療法」と訳します。プレイ・セラピーの基本的な考え方は，子どもたちと暖かい友好的な関係を早くつくり，子どもたちをありのままに受け入れ，リラックスさせて，自己成長力を信頼するものです。プレイ・セラピーを行う場合は，いろんな玩具が置いてある部屋（プレイ・ルーム）で行うのが一般的です（前掲，2004）。

カウンセリングもプレイ・セラピーも，保育者の専門性の問題とも絡んで，これからますます重視されるでしょう。

2．幼児教育における「遊び」と保育の形態

(1) 幼児にとって遊びとは

幼児にとって遊びとは，日々の中心的な活動であり，現在「遊びを重視した保育」という考え方は，ますます広まっています。たとえばカイヨワは，遊びを社会学の視点から，①自由な活動，②隔離された活動，③未確定な活動，④非生産的な活動，⑤規則のある活動，⑥虚構の活動，の六つの特徴を定義しています（前掲，2006）。また心理学者のワロンは，遊びを，活動自体のために行われる活動とし，遊びがそれよりも高次の機能や目標に統合されていないため，自由に行われる活動だと指摘しています（前掲，2006）。これらを簡単にまとめると，遊びとは，「自由で，自発的な活動であり，遊ぶこと自体に目的があり，約束事があり，楽しい，非現実的な活動」と考えられます。

遊びについては，さまざまな理論，考え方がありますが，幼児教育の実践現場において大事なことは，遊びを通して結果として，子どもたちが，いろいろなことを考え，いろいろなことを身に付け，自主性が養われ，心も体も成長し，友達との人間関係を学ぶ，ということを理解しておくことが必要でしょう。つ

まり，子どもたちは，遊ぶことで成長・発達していくのです。

　子どもの遊びと知的発達の関係を論じた研究者としては，まずピアジェが挙げられます。ピアジェは，遊びを子どもの知的発達に対応させて，3段階に分けました（上野他編，1991）。ビューラーは，遊びを発達順に「**機能的遊び**」（体を動かすこと），「**想像的遊び**」（ごっこ遊び，模倣遊びのこと），「**受容的遊び**」（絵本やテレビ，音楽を見たり聴いたりすること），「**創造的遊び**」（積木や粘土などを用いて創作活動を行うこと），に分類しています。またパーテンは，子どもの遊びを社会性の観点から，「**何もしない行動（ぼんやりしている）**」「**傍観的行動**」「**ひとり遊び**」「**平行的遊び**」「**連合的遊び**」「**協同的遊び**」と分類しました（上野編，2007）。当然，このような遊びの分類は，子どもの発達段階や遊びの内容，研究者の視点などによってさまざまです。

　遊びを検討するうえでは，環境の問題も見逃せません。幼稚園教育要領や保育所保育指針の記述[9]などからも明らかなように，遊びと環境の関連性を検討することは重要です。森（1992）は，遊びと環境について，以下の4点を指摘しています。

① 遊び環境は，時間的・空間的制約から自由でなくてはならない
② 遊び環境は，不確実性の要素を含んでいる可変的なものでなくてはならない
③ 遊び環境は，低構造性のものでなくてはならない
④ 遊び環境は，許容的・支持的集団風土でなくてはならない

　なお，ここでいうところの環境とは，一般的に用いられるいわゆる「物的環境」だけでなく，「人的環境」「社会環境」その他の，子どもたちを取り巻くさまざまなものが含まれています。保育者は，このような環境づくりに十分，配慮することが，これからますます求められていくでしょう。

（2）さまざまな保育の形態

　保育形態にはさまざまなものがありますが，地域差や幼稚園と保育所の違いもあり，特に注意しておかなければならないことは，**幼稚園・保育所によって，**

9：たとえば，平成12(2000)年改訂の「幼稚園教育要領」では，「環境を通した教育」が強調されています。

同じ保育形態が異なる言葉で使用されていたり，逆に同じ言葉でも内容が異なるということがあるということです。ここでは代表的な保育形態をいくつかに分類して，簡単に説明します。

　保育形態を対象人数で分ける場合は，一般に**個別保育**，**集団保育**，**グループ保育**の三つに分けられます。なおグループ保育のグループとは，小・中学校におけるクラスのグループ（班）活動のグループのように，教師（幼稚園・保育所の場合，保育者）が機械的もしくは，ある意図をもって構成したものだけではなく，仲良しの友達や遊び仲間といった自然発生的なグループも含まれます。

　保育形態を活動形態で分ける場合は，主に**一斉保育**と**自由保育**の二つに分けられます。一斉保育とは，保育者が計画した実践活動を同一時間に，同一場所で，同一方法と同一内容で一斉に行う形態です。自由保育は，文字通り，子どもが自由に自発的に活動を行う形態です。ここで注意すべき点は，この両者は決して二項対立的な関係ではないということです。つまり，純粋に，すべての保育活動を一斉保育だけ，もしくは自由保育だけで行うことは不可能だということです。**一斉保育と自由保育は，お互いに補完し合いながら保育を行うもの**だと考えると良いでしょう。

　また，一斉保育と同じような意味で「**設定保育**」という言葉もあります。一斉保育が，実践活動を，同一時間，同一場所，同一方法，同一内容で一斉に行われるのに対して，設定保育は，一斉に活動を行うことに重点が置かれず，活動の設定は重視されるが，取り組み方には自由度があるところが，両者の相違点です。

　保育形態をクラス編成で分ける場合，代表的なものは，以下の五つです。

① **年齢別保育**

　　文字通り，年齢に応じて，適切なクラス編成を行い，保育する形態です。各クラスの人数についての基準は，各年齢と幼稚園，保育所で異なります。クラス編成を行う年齢は，4月の入園（所）時の年齢で，実年齢（満の年齢）を表さないので，当然，0歳児のクラスにはお誕生日を迎えた1歳児がいますし，同様に3歳児のクラスには4歳児がいます。一般的には，幼稚園においては，年少（3歳児）・年中（4歳児）・年長（5歳児）のクラスに分けられ，保育所においては，これらに3歳未満児[10]（0〜2歳）の

クラスが加わります。なお最近では、幼稚園においても2歳児を受け入れている所も増えています。

② たてわり保育（異年齢保育）

年齢別保育のクラス編成に対して、異年齢の子どもたちを一つのグループ、もしくは一つのまとまりとして活動を展開させることを目的とした保育形態で、後で説明する解体保育の一種です。このような保育形態を実施するようになった背景としては、子どもたちを取り巻く環境の変化－都市化、核家族化、少子化－により、一人っ子だったり、近所に年齢の異なる遊び友達がいない状況の子どもたちに対して、異年齢集団で活動する経験を味合わせるものです。年間を通して「たてわり」にするのではなく、一定の活動時間において行うのが一般的です。また異年齢の子どもたちが混在しているので、発達に応じたカリキュラム編成が困難であるとの指摘もあります。

③ 混合保育

たてわり保育と似ていて、異年齢、もしくは同年齢の異なるクラスを混合して行う保育形態です。たてわり保育のように、異年齢の子どもたちがお互いにかかわっていくことを目的としたものではなく、各年齢の子どもの数のアンバランスや保育者の数、保育室の数など、園の都合で行っている場合が多いです。たてわり保育（異年齢保育）と同様に、一人ひとりの子どもたちの発達に応じたカリキュラム編成の配慮が必要です。

④ 解体保育

「解体」という言葉が刺激的ですが、文字通り、同一年齢のクラスの枠に拘らず、そのようなクラス編成を解体して行う保育です。たてわり保育（異年齢保育）、グループ保育もこの形態に含まれます。解体保育は、もとの集団が必ずしも「たてわり」とは限らず、また保育活動が常にクラス単位とは限らない点からも、たてわり保育と区別されます。先のたてわり保育と同様に、このような保育形態が登場した背景を検討することが重要で

10：児童福祉法では、「乳児」を1歳未満と定義していますが、実際の保育現場では、3歳未満児（0～2歳）のクラスを「乳児」クラス、年少（3歳児）・年中（4歳児）・年長（5歳児）のクラスを「幼児」クラスと呼ぶことが一般的です。

しょう。「解体」することで，新しい仲間集団の出現や新たな感覚で活動に取り組む意欲も起こってきます。当然，保育者同士の連携も特に必要になってきます。

⑤ **オープン・エデュケーション**（open education）

　子どもの興味・関心・自主性を尊重するために，年齢別のクラスを廃止し，クラス別の教室もなく，オープンなスペース（多目的スペース）において行う保育形態です。イギリスで1960年代末から広まり，日本では1980年代半ば頃から普及しました。オープンなスペースで行う活動ということで，通常の教室ではできない大がかりな製作や遊戯も可能になります。ただし，大切なことはオープンなスペースという物的環境が先にくるのではなく，あくまでその物的環境の中で行う，子どもの興味・関心・自主性を尊重する活動の理念です。

また，心身に障害をもっている幼児に対処するための保育形態として，以下の二つが挙げられます。

① **分離保育**

　障がいをもった幼児を，健常児と離してまったく別々に保育する形態です。指導の容易さと，障がい児同士の連帯感の創出のため「障がい児は障がい児だけ保育する」という考え方は，日本では1960年代まで障がい児保育における主流の考え方でした。

② **統合保育**

　障害児と健常児が分け隔てなく一緒に，同じ場所で保育する形態です。日本では1970年代の半ば頃から広がっていきました。障がい児が健常児と一緒に過ごすことで，障がい児は通常の社会生活に慣れ，健常児も障がい児が身近に居ることで偏見が軽減でき，お互いの相互理解が深まります。この背景には，**ノーマライゼーション**（normalization）[11]の考え方があります。

11：ノーマライゼーション（normalization）とは，1960年代に北欧諸国から始まった社会福祉に関する思想です。直訳すると「正常化すること」となります。つまり，正常化していない障がい児政策を正常化させることで，具体的には障がい者と健常者が，お互いが特別に区別されることなく，普通に一緒に社会生活を送ることを指します（前掲，1991）。

演習問題

A. みなさんが最初の事例の実習生だったら，この場合，具体的にどうしますか，考えてみて下さい。
B. 幼稚園教育要領と保育所保育指針の違いを，もっと調べて下さい。
C. みなさんは，どのような保育形態が良いと思いますか。考えてみて下さい。

11章 カリキュラムと教育評価

　本章では，日頃よく耳にする「カリキュラム」「評価」とは一体何なのか，両者はどのような関係にあるのかについて保育現場における具体例を入口に，一緒に考えていきます。
　カリキュラムについては，その語源，保育現場におけるカリキュラムのあり方，年間指導計画，期間計画，月案，週案，日案の関係等について学んでいきます。また，評価については「保育者自身の自己評価」と「それぞれの子どもに対する評価」の両面から学んでいきます。
　最終的には，みなさんがカリキュラムと評価の密接な関係を理解し，自分が保育者になった場合に，どのようにカリキュラムを組み，評価をすれば良いのかについて，具体的に考えることができるようになることをねらいとします。

1.「設計図」と「ものさし」

　みなさんは「**カリキュラム**」，「**評価**」という言葉を聞いたことがありますか。おそらく，幼稚園・保育所，小学校，中学校，高校……と経験してきた中で，何度も耳にしてきたのではないでしょうか。この章では，この「カリキュラム」「評価」とは一体何なのか，そして，「カリキュラム」と「評価」はどんな関係にあるのかについて，考えてみたいと思います。その前に，一つのお話から始めましょう。

〈事　例〉

> 　あおいさん，はるかさん，ゆうたさんは仲の良い3人姉弟です。あさってはゆうたさんの誕生日。あおいさんとはるかさんはゆうたさんのためにプレゼントをつくることにしました。ゆうたさんは怪獣が大好き。そこで，2人はそれぞれ怪獣をつくることにしました。

さっそく材料集め。2人は材料を求めて家中を探しまわりました。そして，壊れたおもちゃのかけらや木の枝，使い終わった牛乳パックやトイレットペーパーの芯など，たくさんの材料が集まりました。
　さて，怪獣づくりの始まりです。あおいさんは，集めた材料をインスピレーションにしたがってどんどん組み立てていきます。一方，はるかさんは集めた材料を見ながら，紙になにやら描き始めました。「設計図」です。はるかさんは最初に「こんな怪獣をつくりたい」という目標を決めました。そのために，集めてきた材料をどんな順番で，どんな風に組み立てたらいいか，じっくり計画を立てました。
　あおいさんの怪獣がずいぶん大きくなってきたころ，ようやくはるかさんは材料を組み立て始めました。はるかさんは途中，何度か「ものさし」で怪獣の大きさを測りました。計画通りにできているか確認していたのです。すると，「設計図」で計画していた寸法と違っているところを見つけました。はるかさんはそこで立ち止まって考え，「設計図」を修正して，再び作業を始めました。
　もくもくと作業は続き，ついに二つの怪獣が完成しました。あおいさんの怪獣はのびのびと，芸術的な仕上がりです。そしてはるかさんの怪獣は図鑑から抜け出してきたような，リアルな仕上がりです。どちらもとってもステキ。はるかさんはもう一度「ものさし」で怪獣の大きさを測り，計画通りにできたことを確認し，「よし！」と言いました。
　ゆうたさんのお誕生日の日になりました。プレゼントされた愛情たっぷりの二つの怪獣を見て，ゆうたさんは「わぁ　本当によくできてるね！」と言って大喜び。どちらもとっても気に入りました。あおいさん，はるかさん，ゆうたさんは皆で楽しく怪獣ごっこをして遊びました。

　あおいさんとはるかさん，同じ「怪獣」をつくるのでも，完成までの道のりがずいぶん違っていましたね。みなさんならこういう時，どうしますか。「あおいさんと同じにするよ」「はるかさんと同じにするよ」「どっちとも違う方法をとるよ」などなど，きっといろんな人がいることでしょう。
　何かをつくろうと思った時，あおいさんのように，自分の感覚や興味にしたがってつくっていく方法も，はるかさんのように設計図を描き，細かく計画を立ててつくっていく方法もありますね。
　それは「怪獣」が「教育」に変わっても同じです。「教育によって，こんな人をつくりたい」と思ったら，感覚にしたがって，思いつくままに学んでいく

ようにする方法もあります。一方で，「どうしたらこんな人がつくれるか」について考え，そのための「設計図」をつくり，それに沿って学んでいくようにする方法もあります。

教育において，この「設計図」にあたるのが，カリキュラムです。また，前述のお話の中で，はるかさんが途中と最後に「ものさし」で怪獣の大きさを測り，計画通りにできているかを確認していました。教育において，この「ものさし」にあたるのが，評価です[1]。

このように，カリキュラムと評価は，「設計図」と「ものさし」のように，密接な関係にあるといえます。

2．「カリキュラム」とは何か

ここまで，「設計図」がカリキュラム，「ものさし」が評価である，というお話をしてきました。ここではさらに進んでカリキュラム，評価について，もっと詳しくみていくことにしましょう。

まずはカリキュラムです。カリキュラム（curriculum）というのはラテン語の「クレレ」（currere）から来ています。この「クレレ」という語は，もともと「走るコース」と「走ること」それ自体を意味していました。これを教育にあてはめたのが「カリキュラム」という言葉で，学習者が目的（ゴール）に向かってたどる課程（コース）と，その課程で行う活動や経験を意味しています。一般的には，一定の教育目的・目標を達成するために，教育内容を選択し，組織した教育計画（教師養成研究会，2004），とされており，小学校や幼稚園では**教育課程**[2]，保育所では**保育課程**[3]，**指導計画**，**保育の計画**などと呼ばれます。

---

[1]：また，ゆうたさんの「本当によくできてるね！」というのも他者からの評価であると言えます。
[2]：平成21年度から適用されている保育所保育指針第4章「保育の計画及び評価」には，保育所では，「保育の基本となる『保育課程』を編成するとともに，これを具体化した『指導計画』を作成しなければならない」とされています。
[3]：日本においては第二次世界大戦終了までは**「教科課程」**や**「学科課程」**と呼ばれていましたが，戦後になって一般的に**教育課程**と呼ばれるようになりました（柴田，2005）。

ところで，みなさんは自分が思い描いた通りのものをつくりたいとき，どんな「設計図」を用意しますか。「全体を描いた設計図を1枚」「いやいや，一部分をよりくわしく描いた設計図も必要だよ」「もっともっと細かい部分まで描いた設計図もあった方が確実じゃない？」……いろんな声が聞こえてきそうです。

そう。一口に「設計図」と言っても，いろいろな次元のものがありますよね。そして，より自分の思い描くものに近いものをつくろうと思うなら，全体を描いた設計図，一部分をよりくわしく描いた設計図，もっと細かい部分まで描いた設計図，このすべてをあらかじめ用意しておくと便利だと思いませんか？

実は，教育や保育の「設計図」もこれと同じなのです。このことについて，ここでは保育における「設計図」である保育計画を例に，みていきましょう。

まず，保育計画を立てるとき，最初にしなければいけないこと。それは，こ

図・表11-1　保育計画のいろいろな次元

	4月					5月	6月	7月	8月	9月	10月	11月	12月	1月	2月	3月
	13	14	15	16	17 … …											
	月	火	水	木	金 … …											
	日案	日案	日案	日案	日案 … …											

週案 → 月案 → 期間計画 → 期間計画 → 期間計画 → 期間計画 → 年間指導計画

の保育計画によってどのような子どもを育成したいのか，その「目指す子ども像」を明確にすることです。これは「設計図」で言えば，最終的に完成させたいものの形をハッキリさせる，ということと同じですね。保育では，計画を立てるにあたって，「目指す子ども像」の他に，保育の「目的」や「目標」，「運営方針」「保育士の姿勢」「保育所の課題」，各年齢期に大切にすべき保育の「ねらい」と「内容」などを明確にしておくことが大切です。

さて，これらが決まれば準備はOK。いよいよ具体的な「設計図」の作成に取りかかります。

ここで，図・表11-1を見てみましょう。これは保育計画を実現するための「設計図」にはいろいろな次元がある，ということを図で示したものです。では図に沿って見ていきましょう。「目指す子ども像」を実現するために，まず，全体像のおおまかな「設計図」をつくります。これを保育では**年間指導計画**と呼びます。

そして，次はもう少し細かく，全体をいくつかのかたまりで分けた「設計図」をつくります。これを保育では**期間計画**と呼びます（待井，2005）。保育でよく使われるのが，以下の図・表11-2で示した区分です。

1年間の保育は期間ごとにごたごたの時期，まとまりの時期，盛り上がりの時期，まとめの時期といった異なる特徴をもちます。そのため，それぞれの時期ごとの「設計図」をつくると便利，というわけです。

そして期間ごとの「設計図」をつくったら，今度はもっと細かい「設計図」をつくります。4期の区分よりももっと小さな期間である，月ごとの「設計図」，これを保育では**月案**と呼びます。同じように，さらに細かい週ごとの「設計図」を**週案**，1日ごとの「設計図」を**日案**と呼びます。

図・表11-2　保育における期間区分とその特徴

期間	月	各期の特徴	
第1期	4，5月	ごたごたの時期	「出会う」
第2期	6，7，8月	まとまりの時期	「安定する」
第3期	9，10，11，12月	盛り上がりの時期	「飛躍する」
第4期	1，2，3月	まとめの時期	「充実する」

（待井，2005を参考に筆者が作成）

このように，保育では年間指導計画，期間計画，月案，週案，日案と，五つの次元での「設計図」を作成したうえで，実践にとりかかります。「目指す子ども像」に合った子どもを育成するためには精巧な「設計図」が必要となるのです。

さて，ここまでのお話を読んだみなさんは，「え〜保育計画って，なんだかずいぶん細かくて肩がこっちゃいそ〜」とか，「こんなにガチガチに計画しなくても子どものやりたいようにやらせれば子どもは育っていくんじゃないの〜」とか，いろいろな感想をおもちになったのではないでしょうか。

そんなあなたに朗報。実は保育では，何でもかんでもガチガチに計画することは求められていないのです。むしろその逆，と言ってもいいかもしれません。これまでお話ししてきた年間指導計画，期間計画，月案，週案，日案ですが，実は年間指導計画，期間計画，月案は「**長期的指導計画**」に，週案，日案は「**短期的指導計画**」に分類されます。

この「長期的指導計画」はガチガチのものではなく，季節や地域の行事，家庭との連携などを考えに入れ，子どもの生活に変化と潤いをもたせることを想定した設計をします。そして，「短期的指導計画」は，一人ひとりの子どもの興味や発想を生かすなど，実態や生活に即して柔軟な対応ができるような設計をします（林，2008）。これは，保育所や幼稚園は，小学校以降のように教科が時間割で組織された生活とは違い，子どもの自発的な活動としての遊びを中心として展開されるので（民秋，2006），フレキシブルな対応をできる余地が必要なためです[4]。

こうして作成された保育計画は，保育所の全職員（保育士，看護師，栄養士，調理員など）と保護者の共通理解のもとで作成されなければなりません。そして，こうして作成された「設計図」としての保育計画のもと，これらの人々によって，「目指す子ども像」に合った子どもが育成されていくのです。

3．「評価」とは何か

次に「ものさし」である**評価**についてみていきましょう。みなさんは冒頭の例で，はるかさんが何度か「ものさし」を使って，怪獣の大きさを測っていた

のを覚えていらっしゃいますか？　そうやって，はるかさんは自分の「設計図」通りに作業が進んでいるかどうかを確認していましたね。途中，「設計図」と寸法が違っていたところがありましたが，はるかさんは立ち止まってじっくり考え，「設計図」を修正して，作業を進めていきました。その結果，最後には，はるかさんの「設計図」通りの怪獣ができあがりました。

　前にもお話ししましたが，ここでいう「ものさし」のことを教育や保育では評価と呼びます。ここでも前節に続いて，保育を例に考えていきましょう。保育における評価というと，みなさんは何を思い浮かべますか。「『設計図』に沿って計画を進めていたつもりだけれど，本当に思った通りに進めることができていたかな？」という自分の取組みに対する評価。これが保育においてはとても大切なこととされています。自分のその日の取組みについて反省し，じっくりと考え，次の日からの保育をより良いものにしていくことが重要。保育に関する多くのテキストでこの「保育者自身の自己評価」の重要性が指摘されていますので，この答えを思いついた方が多かったのではないでしょうか。

　しかし，一口に評価と言っても，これだけではありません。いろいろな評価が考えられますが，「この子は保育者が思ったように育っているかな？」「この子はどんな変化がみられたかな？」など，「それぞれの子どもに対する評価」というものも重要なものの一つです。

　ここではこの「**保育者自身の自己評価**」と「**それぞれの子どもに対する評価**」について考えていきたいと思います。保育では，この二つの評価をするた

4：このように，柔軟な対応が必要な保育ですが，近年さらに進んで，「設計図なんていらないんじゃない？先に計画しちゃうと逆に子どもの意欲や創造性が失われたり，発達を妨げたりするんじゃない？」という意見が聞かれるようになってきました。これを**計画不要論（ノーカリキュラム論）**と言います。しかし，計画を立てると，行き当たりばったりに行うことによる無駄や偏りをなくし，活動に見通しをもって取り組むことができます。また，日々成長し，個人差の大きい時期の子どもを対象としている保育においては，年齢や発達の時期によって経験しておかなければならない課題が存在するので，これを体系化しておくことは大切なことです。そのうえで，それぞれの課題が子どもの発達にとって効果的な体験となるような実践方法の工夫も大切です（待井，2005）。これから保育者を目指す人にはぜひ考えてみていただきたいトピックです。

　また近年，加藤繁美が「対話的人格」の形成を目的とした「**対話的保育カリキュラム**」という新たなカリキュラムを提唱しています（加藤，2007）。参考にしてみて下さい。

めの方法として**保育記録**をつけることが有効だとされています。つまり，保育における「ものさし」は保育記録なのです。ではこれについてみていくことにしましょう。

　保育記録は，子どもの成長・発達の記録であると同時に，保育者が子どもにどのようにかかわったかの記録でもあります。これにはいくつかの方法が提案されています。たとえば，①エピソードを記入するという方法。これは，毎日の保育の中で特に気づいたことや心に残ったエピソードを記す保育日誌のことです。この方法の場合，記録に登場する子としない子が出てくることがあります。

　次に，②週案・日案に記入するという方法。これは週案・日案の計画欄の下に子どもの姿について気づいたことを記入する方法です。この方法の場合，記入欄のスペースがあまりとれないというデメリットがあります。

　そして，③名簿形式と個人票を合わせて用いるという方法。これは，子どもの名簿を記録用紙とし，いつでもその子について気づいたことを記録する方法です。一定期間集まったごとに，個人票にまとめて記入します。

　最後に，④個人票に視点別の欄を設けて記入する方法。これは，スペースのある個人票を作成し，何らかの視点を設けて記録する方法です。視点は指導要録のねらいや，園の研究主題などから設定します（金村，2007）。

　この他にも，これらを組み合わせて用いる方法など，いろいろな方法がありますが，このようにして記録したものが，「保育者自身の自己評価」と「それぞれの子どもに対する評価」の材料となります。保育者はこの記録を材料として，自分の保育を評価し・反省し，より良い実践につなげていくことが求められます。そして，同じ材料を用いて，子どもを評価することも求められます。

　しかし，そのときに注意したい点があります。それは，子どもの評価にあたっては，一面的な印象や先入観に左右されたり，結果だけで評価したりせず，子ども自身の動機や過程を十分に把握するように気を配らなければならない，ということです。結果のみを見て，一面的なレッテルを貼ってしまっては，評価の意味がなくなってしまいます（待井，2005）。これは保育者を志すみなさんにはぜひ心にとどめておいていただきたいポイントですので，一つのお話をご紹介させていただきたいと思います。

11章　カリキュラムと教育評価

〈事 例〉

　　ある幼稚園でのお話。年中組のタマちゃんはいつも担任の先生のお話をよく聞くしっかり者です。担任の先生に対していたずらをするようなことも無い子でした。そんなタマちゃんがある日，担任の先生がお帰りの時間に年中組のみんなに読んであげるために幼稚園の図書室から借りてきた1冊の絵本に油性ペンで落書きをしていました。担任の先生はすぐさまタマちゃんを叱りつけ，問答無用でその本をとりあげました。そして，帰りの会で「これ，タマちゃんが描いちゃったんだよね」と皆の前で言いました。タマちゃんは本当に悲しそうな顔をし，その日から担任の先生には近寄らなくなりました。

　みなさんはこのお話を読んで，どう思いましたか。「皆の絵本に落書きしたんだから怒られて当然だよ」確かにそうですね。「悪いことをしたんだから，タマちゃんに皆の前で見せしめを受けさせた先生は正しい」そうかもしれません。この例を読んだ多くの大人は，「タマちゃんは公共のものに落書きをした悪い子」という評価を下すかもしれません。

　でも，立ち止まって「ちょっとまてよ。タマちゃんはどうしてそんなことをしたんだろう？」と考えてみたら，もしかしたら違うものがみえてくるかもしれません。では次に，同じお話をタマちゃんの側からみてみましょう。

　　ある日，タマちゃんは，担任の先生がお帰りの時間に年中組の皆に読んであげるために幼稚園の図書室から借りてきた一冊の絵本を見つけました。見ると，絵本の表紙には『しずくのぼうけん』と書いてあります。タマちゃんは「アレ？」と不思議に思いました。表紙に描いてある「しずく」は白かったのです。タマちゃんは「しずくは水だから青いはずなのに，なんでこの絵のしずくは白いんだろう？」と思いました。タマちゃんにとって，それは本当に不思議なことで，ものすごく違和感があったのです。タマちゃんはしばらく考えていましたが，「やっぱりおかしい！」と思いました。
　　そこで，青い油性ペンを持ってきて，そのペンでしずくを丁寧に塗り始めました。その時です。「だめっ！！　タマちゃん！！　何やってるの！！」後ろから大きな叫び声が聞こえてきました。おどろいて振り返ると，担任の先生が立っていました。担任の先生が叫んだとき，タマちゃんはおどろいた拍子に，手が滑ってペンでしずく以外の部分を汚してしまいました。タマちゃんは頭ご

なしに叱りつけられ，わけも聞かれず，そのまま絵本を取り上げられてしまいました。タマちゃんは「最後まで塗りたかった。そのまま塗らせてくれれば最後までキレイに塗れたのに！」と思いました。けれどもタマちゃんはまだ，自分の気持ちをしっかり言葉にすることができませんでした。そこで，どうすることもできず，悔しい気持ちを噛み締めていたのです。

　帰りの時間になりました。担任の先生がさっきタマちゃんから取り上げた絵本を持って，年中組の皆に見せました。そして，「これ，タマちゃんが描いちゃったんだよね」と皆の前で言いました。皆がタマちゃんの方を見ました。「いけないんだー」そんな風に言う子もいました。タマちゃんはもう一度，「最後まで塗りたかった。そのまま塗らせてくれれば最後までキレイに塗れたのに！」と思いました。悔しくて悔しくて仕方ありませんでした。タマちゃんはそれからずっと，担任の先生が最後まで塗らせてくれなかったこと，そして，どうしていつも聞き分けのいいタマちゃんが皆の本に色を塗るに至ったのか聞こうともしてくれなかったことが心残りでした。幼稚園を卒園しても，小学校に入っても，中学生になっても，高校生になっても，大学を卒業しても，大人になっても……。そのときの悔しさを，どれだけの人に話したかわかりません。

　これは，名前は変えてありますが，本当にあったお話です。年中組といえば，4〜5歳くらいの子どもです。けれど，子どもは大人からみて明らかに悪いと判断される行動をした場合でも，その子なりの理由があってしていることもあるのです。けれども，まだ自分の気持ちをうまく言葉で表現できないこともあります。こうした子どもの気持ちに寄り添って，丁寧にすくい上げることができる保育者が一人でも多く生まれることを願っています。このお話であれば，絵本の表紙に色を塗ったタマちゃんに，じっくりと理由を聞き，保育者が新たに画用紙にしずくの絵を描き，青いペンで心ゆくまで塗らせてあげる，など，いろいろな対応の仕方がありますね。あなたなら，どうしますか。

　少し話が脱線しましたが，このように，大人が子どもを評価するということはとても難しいことですし，慎重になる必要があります。そして，より慎重な評価をしたいときに，「保育記録」が役に立ちます。継続的にそれぞれの子の記録をつけておくことで，日常の状態や，発達の度合い，変化の過程などがみえてきます。そうした多くの情報を用いて，それぞれの子に合った評価をすること，それがとても大切なことです[5]。

4.「カリキュラム」と「評価」の関係

これまでカリキュラムとは何か，と評価とは何か，についてそれぞれみてきました。ここではこれらをふまえて，カリキュラムと評価の関係について考えていきたいと思います。

図・表11-3は，保育におけるカリキュラムと評価の関係を図で示したものです。この図からわかるように，カリキュラムが完成すると，それをもとに実践を行います。それを記録したものを材料に，保育者は「保育者自身の自己評価」と「それぞれの子どもに対する評価」を行います。そこでの反省をもとに

図・表11-3　カリキュラムと評価の関係

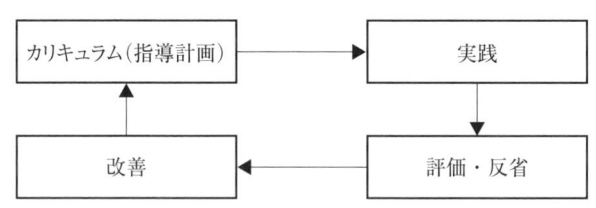

カリキュラム(指導計画) → 実践 → 評価・反省 → 改善 → カリキュラム(指導計画)

(金子，2005年を参考に筆者が作成)

5：近年，教育において**ポートフォリオ評価法**が注目されています。もともと「ポートフォリオ」とは，画家や建築家，新聞記者などの職業の人が雇い主に自らを売り込む時に使う「紙ばさみ」，ファイル，スクラップ帳などのことを指します。その中には，たとえば画家であれば自分の代表作や個展のビラ，新聞に掲載された批評などを閉じこみます（西岡，2003）。

これを見れば，その画家の力量や画風，社会的評価までもが一目でわかります。また，ポートフォリオづくりは，画家自身にとっても，自分の作品の良し悪しを見分けつつ，これまでの歩みを振り返る機会となります。そして，自分の到達点を確認し，今後の課題や目標を考えることにつながるのです（西岡，2003）。

これを教育に取り入れ，「評価」に活用できるようにしたものがポートフォリオ評価法です。具体的には，ポートフォリオに子どもの作品や自己評価の記録，教師の指導と評価の記録などを蓄積することで，学習活動と教育活動を評価することができます（西岡，2003）。

日本において，ポートフォリオ評価法は近年急速に広まってきました。これには「総合的な学習の時間」との深いかかわりがありますが，実は保育の世界で昔から行われてきた評価法ととてもよく似ています。保育の世界で行われてきた評価法に，近年のカリキュラム論が追いついてきたようなかたちであるとみることもできるかもしれません。

改善を行い，カリキュラム自体を修正していきます。このサイクルを何周もしていくことで，より良いカリキュラムを作成していくのです。

これは冒頭の例で，はるかさんが怪獣を作成している途中，「ものさし」を使って測ってみたところ，寸法が「設計図」と違っていたので「設計図」を修正した，という部分と似ていますね。カリキュラムと評価はこのように密接な関係にあるのです。ぜひ，このことを頭において保育をしていただきたいと思います[6]。

演習問題

- A. この章で紹介した年間指導計画，期間計画，月案，週案，日案について，参考文献を参考にしながら実際に作成してみてください。
- B. あなたが保育者なら3節で紹介したタマちゃんの行動に対して，どのような対応をしますか？自分で考えた後，グループで話し合ってみてください。
- C. 保育者にとって使用しやすいカリキュラム，評価と，子どもにとってためになるカリキュラム，評価とでは，どのような違いがあるでしょうか？保育者，子ども，両方の立場に立って，考えてみてください。

6：なお，1年間の評価をまとめたものが，幼稚園においては**幼稚園指導要録**であり，保育所においては**児童票**と呼ばれるものです。また，平成14年から，保育所では第三者評価の導入が進められており，評価基準に照らして自己評価することになっています。幼稚園では平成15年に幼稚園設置基準が改正され，自己点検・自己評価をするように努めることになっています（民秋，2006）。

12章 保育文化論

　みなさん子どもの頃はいろいろな「遊び」を楽しんだことでしょう。しかし成長した今，子どもの「遊び」をよく知っていると言えるでしょうか。今でも子どもの「遊び」の真剣さ・不思議さ・おもしろさを感じられますか。また，保育では子どもの自発的な「遊び」を通した総合的な指導がめざされています。保育者は，子どもの自己表現でもある「遊び」を大切に考えながら，もっと「遊び」が充実して欲しい，こんな体験もして欲しいと願い，日々試行錯誤し，時には格闘しながら，子どもたちとさまざまな経験を共有しています。本章では保育者になるにあたって，子どもたちの「遊び」をどのように理解し，支えていけばよいのかを少し考えてみたいと思います。

1．保育における「遊び」を考える

(1)「学習」としての「遊び」

　保育では，「遊び」は「重要な学習」だと言われています。しかし，日常生活では，「遊んでないで勉強しなさい！」という言葉に代表されるように，「遊び」は「学習」どころか「まじめではない」「本気ではない」活動として否定的にとらえられることも多いですよね。それでも「遊び」が「重要な学習」として保育で認められているのは，「心身の調和のとれた発達の基礎を培う」という教育的効果が「遊び」にあると考えられているからです。幼稚園教育要領解説をみてみましょう。

　「遊びにおいて，幼児が周囲の環境に思うがままに多様な仕方でかかわるということは，幼児が周囲の環境にさまざまな意味を発見し，さまざまなかかわり方をするということである。(略) そして，この発見の過程で，幼児は達成感，充実感，満足感，挫折感，葛藤などを味わい，精神的にも成長する。この

ように，自発的な活動としての遊びにおいて，幼児は心身全体を働かせ，さまざまな体験を通して心身の調和のとれた全体的な発達の基礎を築いてくのである。」

このように，保育では，子どもがさまざまな発見をしたり，さまざまな感情を経験して精神的に成長する機会として，「遊び」がとらえられています。

しかし，疑問がわいてきませんか。「発見」や「挫折」や「葛藤」は果たして「遊び」なのでしょうか。もちろん，「遊ぶ」中で何かを「発見」したり，「挫折」や「葛藤」を味わった経験は，みなさんもあることと思います。では，「発見」や「精神的成長」のない活動は「遊び」ではないのでしょうか。自分の思うようにいかなくなって泣いている子どもを見ても，まだ「遊んでいる」と言えるでしょうか。少し考え始めただけでも，**「遊び」とは何か**，子どもにとって**「遊び」とはどのような経験**か，といった問いに答えることはそうそう簡単ではないとわかります。では，保育者として子どもの前に立つ私たちは，どのように「遊び」を考えればよいのでしょうか。

(2) 大人から見た子どもの「遊び」

人類の歴史の中で，大人が子どもに対して特別な教育的まなざしをもつようになったのは，近代になってからだと言われています。そして，子どもの「遊び」に対しても，特別な教育的価値が与えられるようになったのです[1]。

ご存知，**フレーベル**は，その主著『**人間の教育**』において，「遊戯することないし遊戯は，幼児の発達つまりこの時期の人間の発達の最高の段階である」と述べていますが，子どもの「遊び」は，人間が成長するにあたって非常に重要で価値のある行為だという教育的な見方は，現在にも受け継がれています。

また，20世紀に発達心理学が興隆する中，数多くの研究が子どもの「遊び」を対象としました。「遊び」は，何かのためになる活動，子どもの能力の発達

1：著名なフランスの研究者であるアリエス (Philippe Ariès) は，名著『＜子供＞の誕生』(1980，みすず書房) において，「子ども」に対して特別な配慮や関心がはらわれるようになったのは近代以降であることを示し，「子ども」が教育と愛情の対象として認識されるようになる経緯をさまざまな資料から実証的に考察しています。子どもの「遊び」については，第4章「遊びの歴史に寄せて」に詳細な記述があります。

を促す機能をもつ活動としてとらえられたのです（中野，1996）。「遊びが育てるコミュニケーション力」，「知能の発達を支える遊び」といった具合です。

このような見方が大勢を占める中，みなさんも，「遊び」は子どもにとって何かしら意味をもった重要な活動だと漠然と感じていることでしょう。しかし，このような「教育」や「発達」という大人からのまなざしで子どもの「遊び」を見ることで，逆に見えなくなっていることはないでしょうか。

（3） さまざまな「遊び観」

みなさんは子どもの頃に先生や親から禁止された「遊び」はありませんでしたか。たとえば，すべり台を頭からすべったり，「うんち」などの言葉を使ったり……テレビゲームを止められた人もいるかもしれませんね。大人から見て，「危険な・遊び」や「下品な・遊び」は「望ましくない・遊び」です。私たちは「遊び」と言った時，教育的価値が認められる「望ましい・遊び」のことだけを考えがちです。しかし，当たり前のことですが，子どもは大人から見て教育的に価値がある「遊び」だけを楽しむわけではありません（中野，1996）。

保育者も実践の場で，日常的に「望ましくない・遊び」に出会います。しかし，「望ましい・遊び」「望ましくない・遊び」の基準は，園や個人，状況によって大きく異なります。子どもが同じ「遊び」をしていても，笑って見ている先生もいれば，血相を変えて止めに入る先生もいるでしょう。

「発達」の視点からも同様です。同じ「遊び」に対しても，「遊んでいる」子どもが何歳なのか，何月かによっても評価は違ってくるでしょう。毎日一人で部屋の隅で本を読んでいるAちゃん。Aちゃんが3歳児で幼稚園入学当初なら，保育者はAちゃんの姿を認め，一緒に絵本を楽しみながら，Aちゃんにとって幼稚園が安心した場所になるように支えていくでしょう。しかし，5歳児の3学期の姿だとしたらどうでしょう。周りは友だちとの関係も深まり，言葉のやりとりも活発になる中，一人で絵本を読んでばかりのAちゃんに，保育者は3歳の時とは違った評価をするはずです。

極端な例をあげましたが，**「遊び」をどう評価するのかという「遊び観」**は，保育者一人ひとり多種多様で，保育経験や状況によっても変化します。河邉（1995）は，自身を振り返って，「保育者になりたてのころ，クラス全員が一つ

の遊びにまとまりやすい姿を肯定的にとらえていた。ところが先輩の保育者から，それは一人ひとりの子どもが自分のやりたい遊びを見つけていない姿だと指摘された」と述べています。保育者によって「遊び観」が異なり，またその「遊び観」は変化するものであることがわかるでしょう。自分が知らず知らずのうちにもっている「遊び観」がどのようなものかに気づくことはとても大切なことです。しかし，自分の「遊び観」を自覚していたとしても，評価の視点だけでは，子どもの「遊び」を十分に理解したことにはなりません。

（4）「遊び」の多層性

　とある幼稚園。先生が「『文字遊び』をしましょう！」と呼びかけました。子どもたちは，先生が指示したワークブックのページを開いて，平仮名を書き入れています。みなさんはこれを「遊び」だと思いますか。実のところ，「遊び」に対する評価だけではなく，どういった活動が「遊び」と認められているかも，園や保育者や状況によってそれぞれなのです。

　また，子どもの活動に，「鬼ごっこ」「おままごと」「砂遊び」など，特定の「遊び」の名前をつけることもよくあります。名前をつけることで，子どもが何をして「遊んで」いるのかわかった気がして安心する面もあります。ですから，何をしているのかよくわからない子どもに出会うと，「何してるの？」と聞きたくなります。「何」と言えない子どもは困惑しながらも，「遊んでるの。」と答えるかもしれません。しかし，大人からすれば，名前がつけられない，何をしているのかよくわからない行為も，子どもからすれば，立派な「遊び」であるのでしょう。逆のこともあります。1学期からずっとおままごとコーナーで過ごしているBちゃん。一見，ゆったりと「おままごと」で遊んでいるように見えます。保育者も「『おままごと』が好きなのね。」と，それ以上介入しません。しかし，どこか手持無沙汰で倦怠感が漂っているようにも感じられます。Bちゃんは「遊んでいる」と言えるのでしょうか（戸田，1991）。

　以上のことが示唆しているように，子どもの活動が「遊び」と名づけられるかどうかといった視点だけでは，**子どもが本当に「遊んでいる」かどうか**まではわからないのです。

　以上のような「遊び」を考える際の難しさについて，アンリオという哲学者

は重要な指摘をしています。
　アンリオ[2]は,「遊び」を次のように三つの層に分けて分析しました。
　①「モノ」として名づけられる「遊び」　　　　　「おままごと」
　②「行為」としての「遊ぶこと」　　先生「Bはおままごとをしている」
　③「態度」としての「遊ぶこと」　　　　B「つまんないなぁ……」
　アンリオの理論で言うならば,三つめのレベルで子どもが本当に「遊んでいる」かどうかを丁寧に見とることが保育では重要です。とはいえ,「遊んでいる」・「遊んでいない」という判断をすることが保育の最終的な目的ではありません。

2．子どもの「遊び」を理解し,支える

(1)「遊び」の充実をめざして

　保育では,**「遊びの充実」**という言葉がよく用いられ,「遊びの充実」を図ることが保育者の重要な役割の一つとされています。しかし,保育者は,「遊び」を充実させるための手立てを講じる前に,何よりもまず,**子どもがそこでどのような経験をしている**のかを理解しなければなりません。

　これまでに見てきたように,保育において重要な「遊び」理解とは,「遊び」を評価したり,名づけたり,「遊んでいる」,「遊んでいない」と判断することではありません。それ以上に,一人ひとりの子どもがそこでどのような経験をしているのか,たとえば,子どもはどこにおもしろさを感じて「遊んで」いるのか,「遊べていない」と感じるならば,なぜ「遊べていない」のかなど,子どもの経験そのものをとらえる視点で,**子どもの世界に入り込んで「遊び」を考える**ことが必要です。そうして初めて,適切な援助の方向性も見えてくるのです。

　ここで,最初の問いが思い出されます。そもそも,「遊ぶ」とはどのような経験なのでしょうか。ここでは,「遊び」は教育や発達のために重要な活動だという漠然としたとらえにとどまらず,「遊ぶ」経験そのものについて少し考

2：アンリオ（Jacques Henriot）は,フランスの哲学者です。主著『遊び』の中で,「遊ぶ」経験そのものを主題として論じています。

えてみたいと思います。そうすることで、子どもの経験そのものを理解し、「充実した遊び」をめざして「遊び」を支える保育者のあり方についても、少し具体的に考えられるようになると思います。

（2）「遊ぶ」経験そのものをどう理解するか

ここでは、「遊ぶ」とはどのような経験であるかを探るため、**ガダマー**[3]と西村清和の「遊び」理論を手がかりに、いくつかのポイントを簡単に押さえておこうと思います[4]。

① 「遊び」とは、「遊ぼう」という意識を持てば、その結果「遊び」が行われるというようなものではありません。「遊ぶ人」はいつのまにか、自分でも意識しないままに、「遊び」に巻き込まれています。

② 「遊ぶ人」と、さまざまなモノや人・状況との間に「隙」や「ズレ」ができ、そのあいだに普段とは違う新たな意味が生まれ、その状況に「同調」しながら「浮遊」する[5]ことが「遊び」です。「隙」とは「未決定で不安定で自在な余裕」[6]であって、「どうなるかな」といった未知への期待が続く限り「遊び」は継続します。「隙」がなくなるとつまらなくなって、「遊び」ではなくなるでしょうし、大きすぎても不安や緊張が強くなり、「遊び」どころではなくなってしまうでしょう。

③ 「遊び」にも「これをしよう」「あれをしたい」といった「課題」があります。しかし、「遊び」における「課題」は誰かから一方的に与えられるのではなく、「遊ぶ」中に生じるものです。また、一つの「課題」を達成すればそれで終了ではなく、「隙」のもとで「課題」が生じ続ける限り、「遊び」は継続し、展開していきます。新たな「課題」が生じなくなると「遊び」は停滞して展開しませんし、難しすぎる「課題」は途中で投げ出

3：ガダマー（Hans-Georg Gadamer）はドイツの哲学者で、解釈学という独自のアプローチで知られています。主要著書に『真理と方法』『詩と対話』などがあります。

4：ガダマー（1986）は、「われわれは、遊びのありようそのものを問うことにしよう」と提案しており、西村（1989）も、「遊び手にとって、遊びは、いかなる現象、いかなる様態であるか」という問いを出発点としています。

5：西村清和『遊びの現象学』（1989、勁草書房参照）。

6：同上書 p.25より引用。

されてしまうこともあります。

④「遊び」は一人ひとりの自己表現です。ですから，どこに「隙」ができるのかも，どのような「課題」が生じるのかも，どのような経験となるのかも，一人ひとりによって異なります。

以上のことから考えると，保育者は，「遊び」が停滞している場合には，子どもはどこに行き詰っているのか，思いはどこに向いているのかなどをとらえ，「隙」が生じるようにはたらきかけたり，新たな「課題」を提案したり，時には「隙」が生じるまで根気強く待つこともある，と言えます。また，子どもが難しい「課題」に直面している場合には，一緒に解決方法を考えたり，「課題」が達成できるよう難易度を調整したりもしています。このような視点で「遊び」を考えてみると，「遊びの充実」をめざす保育者がどのように「遊び」を支えていけばよいかも，少し見えてくるように思われます。

（3） 保育者の「ねらい」と子どもの「遊び」との関係

幼稚園教育要領解説には，「遊ぶ」経験において，「発見」や精神的成長が認められるために，「遊び」は「学習」なのだと記されていました。保育者も，単に子どもが「遊んでいる」ことに満足するのではなく，**「遊び」が充実してほしい，「遊び」の中でこういうことを経験して欲しいという思いがあり，それが保育者の「ねらい」**となります。しかし，これまでに見てきたように，本来「遊び」とは，教育的な「ねらい」とは関係なく，さまざまに生じるものであり，そこで一人ひとりが自己表現をしているのです。また，「遊び」は，どのような展開になるのかがあらかじめ決められておらず，予期しない，さまざまな可能性に開かれています。

保育者が子どもの思いや表現を無視し，保育の「ねらい」を第一に考え，「発見」や「精神的成長」を目指し，子どもの活動をひっぱりあげたり，制限しすぎてしまっては，「遊び」ではなくなってしまいますし，子どもがそこで本当に経験していることを見損なってしまいます（河邉，1991）。かといって，保育者が何もしないのは放任であり，「教育」ではありません。**保育者は「ねらい」をもちつつ，子どもの自発的な「遊び」にかかわるのであって**，そこが保育の難しいところでもあり，おもしろいところでもあるのです。

保育者のねらいと子どもの「遊び」は，同調する時もあれば反発することもあります。時には，「遊び」の思いがけない展開に，保育者も心を揺さぶられ，当初の「ねらい」を超えた経験を子どもと共有したりもします。「遊び」がさまざまな可能性を秘めているからこそ，保育者と子どもは「遊び」を通して生き生きとした関係を紡ぎ合うことができるのではないでしょうか。そして，そのような関係のもとでは，「遊び」における「学び」も，大人があらかじめ予想ができないほどの可能性に開かれたものに違いないと思います。

　何よりもまずは，子どもたちと一緒に「遊ぶ」ことを通してみなさん自身がたくさんの発見をされることを期待します。「遊び」のおもしろさや不思議さをたくさん感じられる大人になってください。

演習問題

- A. 保育所や幼稚園などで，子どもたちの「遊び」や保育者のかかわりを観察し，記録することから，自分自身はどのような「遊び観」を抱いているのか改めて考えてみましょう。
- B. 子どもの頃の「遊び」を思い出し，どのように「遊んで」いたのか，どこにおもしろさを感じていたのかなど，その時の経験を記述してみましょう。
- C. 例に挙げた，手持無沙汰な様子で「おままごと」コーナーで過ごしているBちゃんに対し，保育者としてどのような援助が考えられるでしょうか。いろいろとイメージして具体的に考えてみましょう。

13章 子どもにかかわる仕事

　本章では，まず保育者の概念を理解しましょう。それから，わが国の近代以降の幼児教育（保育）施設の変遷をたどっていき，幼稚園教諭と保育士の役割を，具体的に「幼稚園教育要領」と「保育所保育指針」を通して検討してみましょう。次に，幼稚園教諭と保育士になるための資格を説明し，それぞれの専門性とその専門性を磨くための研修を紹介します。最後に，保育者養成の問題点として，保育者養成を取り巻く現状を，卒業後も含めた保育者養成校（大学・短大・専門学校等）の問題と最新の「幼稚園教育要領」「保育所保育指針」の改訂・改定のポイントを通して整理し，把握することをねらいとします。

1. 保育者とは

（1）保育者とは誰のことか
〈事　例〉

> A：ねえねえ，保育者って，幼稚園の先生と保育園の先生を指すの？お母さんは入んないの？
> B：う～ん，お母さんとかおばあちゃんは入んじゃないの。なんか，保育者って保育士より年取ってそうな気がするし……
> A：保育士にもおばちゃんはいるよ。
> B：結婚して子ども産んだ保育士の人とか，ベテランの40歳以上位の保育士を保育者と呼ぶんじゃないの？
> A：えっマジ！　あとさぁ，幼稚園の先生と保育園の先生って，どう違うの？
> B：う～ん，よくわかんないけど，保育園の先生のほうは，保育士っていうくらいだから違うんじゃないの。
> A：違うって？

B：だから，「士」がつくから，看護師みたいな感じで，子どもの病気の世話とかもするんじゃないの。
A：それって，「士」と「師」で字が違うじゃん。
B：そっか。

上の事例は，「保育者の仕事－幼稚園教諭と保育士の資格と資質について－」と題された，ある高校の進路講演会直前の生徒同士の会話のひとこまです[1]。

さて，AさんがBさんに尋ねていますが，一体保育者とは，誰のことを指すのでしょう。保育という言葉から保育園[2]の先生を指すのでしょうか，幼稚園の先生はどうでしょう。お母さんやおばあちゃん，あるいはお父さんは保育者と考えていいのでしょうか。幼稚園と保育園の先生はどう違うのでしょうか。

この章では，これらの疑問をもとにまず保育者とは誰のことを指し，保育者の役割について説明し，次に保育者になるための資格と専門性，さらに保育者養成の問題点および今後の課題について考えていきましょう。

まず，**保育者という名称についてですが，この言葉は法的に規定されている名称ではなく，一般には，幼稚園や保育所といった公的な就学前の集団保育施設において直接保育に携わる人（幼稚園教諭や保育士）の総称として使われています**（上野編，2007）。広い意味では，幼稚園教諭や保育士に限らず，親もすべての幼稚園や保育所のスタッフも含む言葉として使われます（保育小辞典編集委員会，2006）が，一般的ではないようです。つまり保育者の「保育」という言葉[3]は，幼稚園や保育所といった集団保育施設で行われる行為を指すことが多いのです。だから，お母さんやおばあちゃんのことも，保育者とはあまり呼ばないのです。なおベビーシッター[4]のように，いわゆる「在宅保育」を

1：この事例は，平成19(2007)年10月，筆者が青森県内の県立高校で行った進路講演会での出来事を基に作成したものです。
2：保育園と保育所の違いについてですが，一般的には，保育園と言ったほうがわかりやすいが，法律上は，厚生労働省の認可を受けた保育施設は「保育所」と位置づけられています。しかし，園の名前をつけるときには，必ず保育所としなくてもよいので，私立（民間）の場合は「社会福祉法人〇〇保育園」と名称をつけることが多いようです。というのも，幼稚園との対比で保育園と言ったほうがわかりやすかったり，イメージ的に「所」とつくと硬い感じがするからです。一方公立の場合は，「〇〇市立△△保育所」としていることが多いです。結論的には，名称の問題だけで，保育所と保育園は同じものだと考えてよいでしょう。

行う人たちを，家庭訪問保育者と位置づける場合もあります（社団法人全国ベビーシッター協会編，2008）。

これらをまとめると，**保育者とは，「一般には，幼稚園や保育所といった公的な就学前の集団保育施設において直接保育に携わる人（幼稚園教諭や保育士）の総称で，広い意味では，ベビーシッターのような『在宅保育』を行う人たちも含む」**となります。

また，幼稚園で行う行為は「教育」もしくは「幼児教育」，保育所で行う行為は「保育」と分けて考える人もいます。これは幼稚園が，昭和22(1947)年に制定された学校教育法第1条[5]で「学校」と規定されているのに対し，保育所が同年制定された児童福祉法第39条[6]で「施設」（児童福祉施設）と規定されていることに因ると思われます。しかし，この言葉の使い方は研究者によっても微妙に異なります。みなさんは，とりあえずまずは「幼児教育」≒「保育」と考え，先の第10章でも指摘した理由のとおり，「幼児教育」という言葉は，「保育」という言葉も含んだもっと広い意味の概念だととらえてください。

この事例から，みなさんは保育者をはじめ，保育に関する言葉の定義が微妙でかつ曖昧であることがわかったと思います。その理由は，歴史的な背景として，保育行政の二元化（文部科学省と厚生労働省）に起因しています。このことについては，また後で触れます。

(2) わが国の幼児教育（保育）施設の変遷と保育者の役割

それでは保育者である幼稚園教諭・保育士の役割とは，一体どのようなものでしょう。それを検討する前に，近代以降のわが国の幼児教育（保育）施設の

3：「保育」という言葉が最初に使用されたのは，明治9(1876)年に創設されたわが国最初の幼稚園，東京女子師範学校附属幼稚園（現お茶の水女子大学附属幼稚園）の規則の中で，これが公的なものとしては最初です（保育小辞典編集委員会，2006）。

4：ベビーシッターに法的な定義や公的な資格はありませんが，一般的には主に3歳未満の乳幼児を対象に，子どもの家庭や指定された場所において保育を行う人を指します（森上他編，2004；前掲，2006）。

5：「この法律で，学校とは，小学校，中学校，高等学校，中等教育学校，大学，高等専門学校，特別支援学校及び幼稚園とする」（平成18年法律80改正）とあります。

6：「保育所は，日日保護者の委託を受けて，保育に欠けるその乳児または幼児を保育することを目的とする施設とする」とあります。

状況を簡単に見ておきましょう。

明治5(1872)年に公布された「学制」は、わが国の近代教育制度の基礎となるものでした。そのなかには、先の9章にも説明がありましたが、「幼稚小学ハ男女ノ子弟六歳迄ノモノ小学ニ入ル前ノ端緒ヲ教ルナリ」という「幼稚小学」=「6歳までの男女の子どもに小学校に入る前の始まりの部分を教えるところ」という意味の規定があり、明らかに就学前の教育機関を意図したものでしたが、構想だけにとどまっていました（待井、2005）。その後、幼稚園の萌芽的な施設も開設はされましたが、長くは続かず、結局、**わが国最初の幼稚園は、明治9(1876)年、文部省によって開設された、東京女子師範学校附属幼稚園（現お茶の水女子大学附属幼稚園）となります**。ここでの保育は、上流階級の子弟を対象にしており、**日本の幼稚園は当初、富裕な階層や知識層の利用する幼児教育施設として始まりました**。保育方法は、恩物を重視するフレーベル主義に基づく保育で、この幼稚園の保育方法が、日本中の幼稚園のモデルになりました。

これに対して、乳幼児の保護を目的とした**託児施設（保育所系統の施設）は、幼稚園にやや遅れ、貧困家庭の子どもを対象にした子守学校[7]と呼ばれる小学校に付随した施設がその始まりです**。当然のことながら、幼稚園とは対照的に貧しい家庭の子どもが多く、最初の託児施設は、明治16(1883)年、渡辺嘉重が茨城県猿島郡小山村に子守学校を開設し、子どもが連れてくる乳幼児を遊戯室に集めて保育したのが、わが国の保育所の最初だといわれています（関口・手島、2003）。その後、本格的な託児施設としては、明治23(1890)年、赤沢鍾美が新潟静修学校敷設の託児施設を開設しています。

つまり、幼稚園も託児施設も当初からその性格ははっきりと異なるものであり、当然保育者の役割も異なるものでした。そしてこの流れは、戦前を通して、基本的には大きく変わるものではありませんでした。

戦後の教育改革において、昭和22(1947)年、幼稚園は学校教育法で文部省

7：子守学校とは、戦前、自分の家の子守や子守奉公などで、学校に来られない児童のために特別に設置されたもので、子守は幼児を背負ったまま登校して授業を受けました。修業年限は2年程度で、国語と算術および修身を中心に、生きていくうえで必要最小限の簡易な教育が行われ、唱歌や体操、お遊戯、裁縫を行うところもありました。

(現文部科学省) 所管の学校と規定されました。そして同年, 保育所は児童福祉法で厚生省 (現厚生労働省) 所管の児童福祉施設として位置づけられ, 結果として, 幼稚園と保育所は二元的に制度化 (二元化)[8]されました。しかし, この二元化は, 今みてきたように戦前の状況から考えても, わが国においては幼稚園・託児所の設置当初からのことである, と考えるのが妥当でしょう。

これらを踏まえて, 幼稚園教諭・保育士の役割を具体的に, 平成10(1998)年改訂の「幼稚園教育要領」と平成11(1999)年改訂の「保育所保育指針」で検討してみましょう。まず幼稚園教育要領で「幼稚園教育の基本」をみてみましょう。最初の総則の部分を引用します。

> 「**幼稚園教育**は, 学校教育法第77条に規定する目的を達成するため, 幼児期の特性を踏まえ, **環境を通して行うもの**であることを基本とする。
>
> このため, 教師は幼児との信頼関係を十分に築き, 幼児と共によりよい教育環境を創造するように努めるものとする。これらを踏まえ, 次に示す事項を重視して教育を行わなければならない。(中略)
>
> その際, 幼児の主体的な活動が確保されるよう幼児一人一人の行動の理解と予想に基づき, 計画的に環境を構成しなければならない。この場合において, 教師は, 幼児と人やものとのかかわりが重要であることを踏まえ, 物的・空間的環境を構成しなければならない。また, 教師は, 幼児一人一人の活動の場面に応じて, 様々な役割を果たし, その活動を豊かにしなければならない」(太字, 下線は引用者。以下同様)

幼稚園教諭は, 子どもたちと信頼関係を築き, よりよい教育環境を計画的につくることが基本であり, それが幼稚園教諭の一番の役割であることがわかると思います。

これに対して保育士はどうでしょう。今度は保育所保育指針で「保育所における保育の基本」を総則の部分からみてみましょう。その一部を引用します。

> 「**保育所における保育の基本は**, 家庭や地域社会と連携を図り, 保護者の協力の下に**家庭養育の補完を行い**, 子どもが健康, 安全で情緒の安定した生活ができる環

8：戦時下の「戦時託児所」において, 幼稚園と保育所が一時的に合体したり (上野編, 2007), 昭和23(1948)年に文部省が刊行した「保育要領」が, 幼稚園における保育内容だけでなく, 保育所における保育内容や家庭における育児についての手引きとしても意識して編集してありますが, これらのことと, 現在の幼保一元化の問題とは分けて考えたほうがよいでしょう。

境を用意し，自己を十分に発揮しながら活動できるようにすることにより，健全な心身の発達を図るところにある。
　そのために，養護と教育が一体となって，豊かな人間性を持った子どもを育成するところに保育所における保育の特性がある。
　また，子どもを取り巻く環境の変化に対応して，保育所には地域における子育て支援のために，乳幼児などの保育に関する相談に応じ，助言するなどの社会的役割も必要となってきている。(後略)」

　保育士は，家庭や地域社会と連携を図り，家庭養育を補い，環境を用意し，子どもの健全な心身の発達を図ることが，その基本的な役割であることがわかると思います。つまり，保育士の役割の基本は，あくまで家庭でのしつけを補うことなのです。そしてそれと共に，「地域における子育て支援」の役割も重要となってきています。

　しかし，幼稚園教諭も保育士も，役割としてその根底の部分で共通に求められることは，以下の3点でしょう。
　① 子どもとの信頼関係を築く
　② 子どもにとって良い環境を創る
　③ 子どもの発達の援助を行う

　現在，保育者である幼稚園教諭・保育士の役割は，子どもを取り巻く環境はもちろんのこと，社会の状況に対応するかたちでどんどん多様化しています。たとえば，保育園の「地域における子育て支援」の役割と同様に，幼稚園も「幼稚園教育要領」の第3章「指導計画作成上の留意事項」において，「地域の幼児教育のセンターとしての役割を果たすよう努めること」との記述があります。また，これらに関連して，通常の保育以外に，**預かり保育（幼稚園）**，**延長保育（保育所）**[9]といった**長時間保育**は既にほとんどの施設で行われています。さらに，**休日保育**，**病後児保育**[10]，**障がい児保育**といったサービスを実施

9：預かり保育とは，幼稚園において，4時間を標準とする教育時間終了後，希望する園児を預かることを指します。延長保育とは，保育所において，通常の保育時間を超えて行われる保育サービスを指します（前掲，2004）。しかし，実際の現場においては，「預かり保育」「延長保育」の用語が，幼稚園・保育所でごっちゃに使用されている場合もあります。
10：病後児保育とは，病気回復期にあって，集団保育が困難で保育所に通う子どもで，かつ保護者の勤務の都合で，家庭で育児を行うことが困難な子どもを対象とした保育のことです（大沼他編，2005）。

する施設も増えてきています。この「地域における子育て支援の担い手」としての幼稚園教諭・保育士の役割強化の流れは，今次の平成20(2008)年の「幼稚園教育要領」「保育所保育指針」の改訂・改定においても，さらに強調されています（民秋，2008）。

2．保育者になるには

(1) 保育者の資格にはどのようなものがあるか

先に，保育者とは「法的に規定されている名称ではなく，一般には，幼稚園や保育所といった公的な就学前の集団保育施設において直接保育に携わる人（幼稚園教諭や保育士）の総称」であると説明しました。それでは，幼稚園教諭や保育士の免許や資格にはどのようなものがあるのでしょうか。

幼稚園教諭の免許状は，教育職員免許法の規定に基づき，以下の3種類があります。

① 幼稚園教諭専修免許状……大学院で修士の学位（通常大学入学後，6年間で取得）を有することが基礎資格となります。

② 幼稚園教諭一種免許状……大学で学士の学位（通常4年間で取得）を有することが基礎資格となります。

③ 幼稚園教諭二種免許状……短大・専門学校などで準学士の称号（通常2年間で取得）を有することが基礎資格になります。

それぞれの免許状は，幼稚園教諭養成課程をもつ，短大・専門学校，大学，大学院において，所定の単位を取得する必要があります。なお，これらの他に臨時免許状（助教諭）もありますが，これは特殊なものです。

保育士資格については，まず，昭和22(1947)年の児童福祉法で，保母（保育士）の資格が法的に公認されました。昭和25(1950)年から男性も保母資格の取得が認められ（保父は俗称，男性の保母という言い方が正しいです），その後，**男性の保育者の増大から，平成9(1997)年の児童福祉法の改正により，保母は「保育士」となり，平成11(1999)年から施行されています。**

平成13(2001)年には，「児童福祉法の一部を改正する法律」が成立し，保育士資格が国家資格となり，現在に至っています。なお，保育士資格の取得には，

以下の2通りあります。
① 厚生労働省の指定する保育士養成校（大学，短大・専門学校など）その他の施設を卒業した者
② 都道府県が実施する保育士試験に合格した者

①については，基本的には卒業すれば，無試験で保育士資格が取れます。②については，受験者の学歴に応じて，受験資格が異なりますが，合格率はかなり厳しいと言われています[11]。

最近の傾向としては，**「認定こども園」**[12]の設置に伴い，幼稚園教諭免許状と保育士資格の両方を取得する流れが，これまで以上に強まっています。

（2）保育者の専門性と研修

幼稚園教諭と保育士は，管轄省庁がそれぞれ文部科学省，厚生労働省と異なりますが，求められる専門性は基本的にはあまり変わりません。もちろん，幼稚園と保育園で，対象となる子どもの年齢，入園（所）条件，保育時間などは異なります（図・表13-1）。

特に近年は，**幼稚園の保育所化，保育所の幼稚園化**[13]，さらには，いわゆる幼保一元化・一体化[14]の一つのかたちである「認定こども園」の設置などに伴い，ますます差がなくなってきています。ただし，幼稚園と保育所の普及状況には，はっきりとした地域差が存在します。たとえば，平成15（2003）年の5歳児の幼稚園就園率（全国平均59.3％）と保育所在籍率（全国平均36.8％）をみると，沖縄（82.6％），神奈川（74.1％），宮城（73.1％）など幼稚園就園率が

11：保育士資格取得のスクールや通信教育情報サイトなどによれば，合格率はだいたい10〜20％ぐらいだと指摘されています。
12：「認定こども園」は，就学前における第3の施設として，幼稚園と保育所の機能の双方をあわせもつ施設であり，同一敷地内で長時間保育・短時間保育の子どもが共に活動を共有する集団保育施設で，平成18（2006）年10月1日にスタートしました。
13：具体的には，幼稚園が長時間子どもを預かったり，保育所が幼稚園のように教育・学習に重点をおいて保育指導を行っていることなどを指します。
14：幼保一元化とは，所管が分かれている幼稚園と保育所を一つにするということです。これに対して，幼保一体化とは，二つに分かれている現行制度は維持しながらも両者の設置基準や最低基準などをできるだけ近づけ，その関係を密にしようとするものです（前掲，2004）。

図・表13-1　幼稚園と保育所の違い

	幼稚園	保育所
対象年齢	3歳から就学前の子ども	0歳から就学前の子ども
入園(所)条件	保護者が入園を希望	保護者及び同居の親族等が，労働・疾病等により児童を保育することができないと認められる場合
保育時間	4時間を標準として各園で定める。年間39週以上	8時間を原則として保育所長が定める。年間約300日

(出典：上野恭裕編『幼児教育法 新現代保育原理』三晃書房，2007年，p.48より転載，一部訂正)

高い県では保育所在籍率が低く，長野（75.1%），石川（69.6%），高知（69.0%）など保育所在籍率が高い県では幼稚園就園率が低いという指摘があります（金村，2007）。このことは，地域において，幼稚園と保育所がお互いに補完し合っている関係にあるということが考えられます。

保育者の専門性といった場合，具体的に子どもを指導する実践の技術（リーダーシップやピアノの力量）と，保育者集団の一員として同僚との協同性や人権への理解や配慮と大きく二つに分けられます。前者は，これまでも求められてきた保育者としての基本的な技術や資質としての専門性を指します。これに対して後者は，保育を取り巻く環境の変化に伴い，特に求められるようになってきたものです。具体的には，障がい児保育や外国籍の子どもについての対応[15]，小学校との連携なども含みます。

保育者の専門性を検討する場合，保育者の資質として第10章で取り上げた，カウンセリング・マインドの考え方（カウンセリングにおいて，カウンセラーが相談者に対して，支えようとする態度や心構え）は，前提条件として重要でしょう。

15：この問題は，萩原（2008）が問題提起している多文化保育論について検討するうえでも重要な問題です。

また近年は，保育者の資質として，**ケアリング**（caring）の考え方も注目されています。これは，ケアリングが，「世話や養護といった援助行動だけではなく，心を砕くという専心や，相手への関心，気遣う配慮といった心の在り方が必要とされ」，しかも「人間に対するケアの特徴が相手の成長や自己実現を援助することにある」，また「ケアする人は，ケアされる対象が成長することを通して，自分自身の心をケアしている」という点[16]から，単に保育者側から一方的に子どもをケアする関係ではなく，結果としてその逆の関係も，もしくはもっとこのケアという関係が広がっていくようなことを認識することも大切でしょう。

　これらの専門性を磨くために，研修（園内・園外）があります。園内研修においては，近年，**保育カンファレンス**（conference）[17]という方法も提唱されています。カンファレンスという言葉は，元来，医学の領域で，患者の症例を専門の立場から検討する会議を指します。これが転じて，保育の現場における問題の検討会を指します。保育カンファレンスは，①一つの正解を求めない，②建前でなく本音で話すこと，③先輩や上司が若手を指導するのではなく，④相手を批判したり，優劣を競おうとしないこと，などの点（前掲，2004）から，従来の園内研修とは異なり，新たな研修の一形態といえるでしょう。

（3）　保育者養成の問題点

　保育者養成の問題点はたくさんがありますが，ここではまず保育者養成校に関する問題と，今次の平成20（2008）年の「幼稚園教育要領」「保育所保育指針」の改訂・改定の主な要点に関する問題の二つに分けて指摘したいと思います。

　まず保育者養成校に関しては，一番の問題は養成校の多くが，4年制の大学ではなく，2年制の短大・専門学校が中心であることです。カリキュラムに余裕がないにもかかわらず，多くの養成校で，幼稚園二種免許状と保育士資格を授与しています。これが根本的な問題であるといえます。当然，大学に比べて専門的な講義も少なく，その代わり，免許や資格のために講義はぎっしりと詰まっていて，少人数のゼミ活動も難しい現状にあります。つまり，時間的な余

16：前掲，2005。
17：「園内カンファレンス」や単に「カンファレンス」とも言います。

裕の無さが，養成校における教育の質を高めることを阻害しているのです。

次に，養成校を卒業した後の，いわゆる卒後教育のシステム化が不十分だということです。このことは先に示した研修ともかかわる問題ですが，日本はこの点が非常に貧弱だといえます。問題は，①卒後教育のカリキュラムの不十分さ，②卒後教育に関する経済的・時間的な余裕の無さ，の2点に集約されます。

また，現在の多くの養成校では難しい，より専門性の高い保育者養成や，障害児保育や病後児保育，国籍の異なる子どもへの対応といった，新たな保育サービスの問題も今後の検討課題となります。

今次の平成20(2008)年の「幼稚園教育要領」「保育所保育指針」の改訂・改定の主な要点に関する問題[18]については，まず「幼稚園教育要領」改訂の主な要点は，以下の3点をねらいとしたものです。

① 発達や学びの連続性を踏まえた幼稚園教育の充実
② 幼稚園生活と家庭生活の連続性を踏まえた幼児期の教育の充実
③ 子育て支援と預かり保育の充実

今回の改訂に伴い，今後の特に重要な課題としては，以下の4点が挙げられます。

① 保育者の免許・資格の向上
② 研修の充実，特に園内研修による保育の見直し
③ 園の教育活動への自己評価および第三者評価の導入
④ それらを支える実践的理論的また実証的な研究の発展，また保育現場を支える専門家集団の確立

次に「保育所保育指針」の改定の主な要点は，以下の2点です。

① これまでの厚生労働省の「通知」から「告示」となり，法的拘束力を有するようになり「児童福祉施設最低基準」として位置づけられた。
② これに伴い，法律として遵守し，保育の質を高めていくために大綱化（要点を押さえ簡明に示すこと）が図られ，各園が創意工夫をこらすことが求められている。

また，以下の5点についても，より一層明確に位置づけるための見直しを行

18：日本保育学会第61回大会準備委員会，2008。

うものとなりました。
① 保育所の役割について
② 保育の内容，養護と教育の充実
③ 小学校との連携に関して
④ 保護者に対する支援
⑤ 計画・評価，職員の資質向上

このように，制度的，形式的には大きな変化があったが，基本的な内容についてはほとんど変化はない，ととらえていいでしょう。今回の改訂に伴い，今後の検討な課題としては，以下の7点が挙げられます。
① 保育者のライフコース
② 保育者自身のワーク・ライフ・バランス
③ 保育者支援
④ 園内における職員間の協議（たとえば，職員会議，園内研修，保育カンファレンスなど）
⑤ 他の専門職との連携（たとえば，看護師など）
⑥ 学童保育との繋がり
⑦ 認可外保育施設への支援体制

なお今回の両者の改訂・改定に強く影響した社会状況は，当然のことながら，まずは「子ども，親を取り巻く環境の変化」です。保育にかかわる注意すべき変化は，具体的には，都市化，核家族化，少子化の3点です。次に「保育行政の動向」です。平成10(1998)年の児童福祉法改正によって，それまで措置施設であった保育所が，利用（選択）施設に変わった点です。

ここで示した，新しい「幼稚園教育要領」「保育所保育指針」における今後の重要な検討課題は，そのまま，保育者養成の問題点とも直接的に絡んできます。そしてその多くが，「見直し」「導入」「支援」「協議」「連携」「繋がり」といったタームと共に存在することを，私たちは十分意識することが必要でしょう。

演習問題
- A．幼稚園教諭と保育士の仕事の違いを，もっと調べてみて下さい。
- B．昔の（戦前の）保育者について，具体的にはどのような有名な人たち（実践家）がいたのか，もっと調べてみて下さい。
- C．みなさんは，どのようにすればよい保育者が養成されると思いますか。考えてみて下さい。

14章 保育の社会的・文化的文脈

活動の中に埋め込まれる
子どもの「意味」と保育者の「価値」を探る

　子どもは，活動の過程で，自分が見つけ出した「**意味**」を埋め込んでいきます。一方，保育者もまた，その過程に教育的「**価値**」を置いています。その「**意味**」と「**価値**」は，幼稚園・保育所によって異なる様相がみられます。たとえば，左の写真の「おせいさく」帳には，子どもの見つけ出した「**意味**」と保育者の「**価値**」がどのように埋め込まれているのでしょうか。本章では，これらの「**意味**」と「**価値**」の様相を，事例をもとに探っていきます。

　これから読者のみなさんには，実習生，保育者，研究者として試行錯誤した筆者の体験の一部を疑似体験していただきます[1]。「**意味**」と「**価値**」の様相の違いをもとに保育者の役割をともに考えてみましょう。

1．干からびたトウモロコシの種三つのコラージュ

　幼稚園や保育所では，絵を描いたり，いろいろな素材を使って作品をつくったりする時間があります。そこでは，どのような目的が設定され，子どもに対するどのような働きかけが望ましいと考えられているのでしょうか。まず，次の問いを考えてみてください。

1：筆者は，アメリカの保育所，日本のインターナショナルスクールと，日本の幼稚園での就業経験があります。本章で紹介するのは，アメリカでオープン教育の実験学校となっていた大学附属の就学前教育施設と，創立50年を超える日本の伝統的な教育形態をとる幼稚園で体験した保育例です。

〈事 例〉

　班ごとに人数分用意された真っ白な紙皿。その紙皿にボンドを使って，さまざまな素材を自由に貼る「コラージュ」がこれから始まります。素材が子どもをひき付けるものであればあるほど，子どもたちが夢中になるこの活動。机の上には，マカロニ，リボン，苔，鈴，小枝，コットンボール，モール，毛糸など，色とりどりの多様な種類の素材がふんだんに用意されています。子どもたちは，次々に素材を手に取り，楽しそうに配置を決めながら，自分の紙皿を飾っていきました。

　活動終了後，あなたには，乾燥させた作品を教室に掲示する役がきました。子どもたちの作品にはさまざまな工夫が表れていました。ボンドでは付きにくい素材を，モールをねじって止めたり，小枝に引っかけたりしたものもありました。多様な素材を紙皿全面に貼り付けたり，素材を重ねて立体的に仕上げたりしたものもありました。ほとんどすべての作品が，一人ひとりの子どものエネルギーに満ち溢れたものに思えました。ところが，次の作品を手にしたとき，掲示をする手が思わず止まってしまいました。

　真っ白な紙皿の中心を少しずれたところに，干からびたトウモロコシの種が三つ。にぎやかな作品の中で，これは明らかに異色の作品です。あなたはその作品をどのように扱いますか？

　実はこれは筆者が，アメリカの保育所での教育実習で体験した事例です。干からびたトウモロコシの種三つのコラージュをみて，まず私の頭に浮かんだのは，「これは，つくりかけなのかもしれない」でした。そして，その子どもがトウモロコシを貼るのにそれほど苦労していなかったこと，ほかの素材に興味をもった様子ではなかったことを思い出し，「コラージュという活動にあまり関心をもてなかったのかもしれない」と考えました。

　いずれにしろ，私にはこの作品はその子どもにとって満足できるものになっていないように思えました。それだけではなく，この作品をほかの作品と一緒に掲示するのは，どうにもその子どもに気の毒にさえ思えてきました。

　そこで，私はその作品を持って，掲示すべきかどうか実習指導の先生に相談に行きました。私の考えを聞かれたので，この作品を掲示することに戸惑った理由を説明し，できれば今回はこの作品は掲示せず，その作品を仕上げる作業

に取り組める時間を設定するのがいいのではないかと思うと伝えました。

　実習指導の先生からは，トウモロコシの種三つのコラージュのほかにも三〜四つの作品を持ってくるように言われました。その用意ができると，先生は，一つひとつの作品について私がどのような情報をもち，どのように評価しているのかを質問しました。そして，私の関心が，造形的にどのような工夫をしているのかにのみ向いていて，子どもの語りや内面に注意を払っていなかったことを鋭く指摘しました。私は，子どもの作品づくりと発達の関係をよく勉強し直すように注意を受けました。

　この時のことは，情けない気持ちでいっぱいになった当時の思いと共に，今でも鮮やかに覚えています。私は実習を終えて，自分の部屋に戻るやいなや教科書や参考書を取り出し，「子どもの創造性」「子どものアートワーク」に関する記述を探しました。そして，ピアジェ（1951）やアイスナー（1972）の著書の中に，子どもは「**表現活動**」の過程で，**空想**（fantasy）と**現実**（reality）の両方の世界を行き来しながら，「**意味**」を自らがつくり出すことや他人がつくり出した「**意味**」を理解することを学ぶという記述を見つけました。子どものこの学習プロセスを把握するには，作品づくりにおける子どもの自然な発話や会話に耳を傾け，素材や周囲の子どもとの間に生まれる働きかけを追い，子どもが認識する「**意味**」を探り出さないといけない，ということを再認識しました。そして，これまでの自分の視点の甘さを大いに反省しました。

　翌日，「干からびたトウモロコシの種三つのコラージュ」に埋め込まれている子どもの「**意味**」を探るべく，子どもとその作品に寄り添うように心がけました。すると，その子どもは次のように語ってくれたのでした。「去年，海に出かけたの。パパとママとぼく。……パパが小さな魚をつかまえてくれたの」。その干からびたトウモロコシ三つは，その子どもの家族を表すシンボルでした。そして，その三つのシンボルには，もう一度「3人で」「一緒に」暮らしたいという，言葉に出したくても出せない，その子どもの精一杯の思いが込められていたことを知ったのでした。

　この経験は，教職を志す私にとって，子どもの作品の中に埋め込まれている「**意味**」を理解することの大切さを思い知らされた貴重な体験となりました。そして，保育者（実習生）として自分がその活動に置いていた「**価値**」には，

自分の思い込みや偏りがあるかもしれない，と常に肝に銘じなくてはならないということを学習しました。

2．子どもの複合的な活動過程としての表現活動

　ガードナー（1991）は，発達面でほとんど違いのない3歳児2人の「お絵かき」について，描かれた絵と絵を描く子どもの様子を比較しています。そして，作品の出来具合は，子どもの絵画能力を示しているというよりもむしろ，絵を描くという行為に対して子ども自身が与えている役割・機能を示していると指摘しました。

　「干からびたトウモロコシの種三つ」の作品とその他の作品を比べると，使用する素材の種類の量，紙皿の埋め方，試行錯誤への取り組みという点では，この作品は劣っているようにみえました。しかし，込められたメッセージという点では，この作品にはどの作品よりも鮮やかで強烈なインパクトがあります。このように考えると，子どもの作品のどこに注目するかで，まったくその評価は異なってくることがわかります。

　また，作品づくりの中で子どもが，**空想**（fantasy）と**現実**（reality）の両方の世界を行き来する様子は，子ども一人ひとりによって多様です（ピアジェ，1951）。子どもが「**意味**」をつくり出す過程や，他人がつくり出した「**意味**」を理解する過程（アイスナー，1972）もまた，子どもの経験，興味・関心，その時の健康状態や感情など，多様な要素が作用する複合的な活動過程として表れることでしょう。結果として子どもの作品は，どれ一つとして同じではなく，また，一つひとつの作品の中に子どもが埋め込んだ「**意味**」も多様であることが推測されます。見方を変えれば，作品づくりの過程で一人ひとりの子どもが自分の「**意味**」を作品に埋め込めるような環境を整えることが，教える側にとっては重要な「**価値**」となるわけです。

3．もう一つのコラージュ「ペンギンさんのうちわ」

　それでは，次の事例を考えてみましょう。次の写真は，筆者が都内のある幼

稚園で撮影したものです。アメリカの大学の教育学部を卒業した私は，帰国後，日本の伝統的な幼稚園をフィールドに研究を続けようと修士課程に進学しました。帰国後初めての幼稚園参観で目に飛び込んできたのがこの作品群です。

〈事 例〉

子どもたちがつくった「ペンギンさんのうちわ」が，ずらりと窓際で乾かされています。どのうちわにも，折り紙でつくった寒色系の大きなペンギンと，暖色系の小さなペンギンとが貼られています。ペンギンの足とくちばしは，黄色い折り紙を切って定位置に貼ったようです。
　さて，このコラージュに取り組む過程で，子どもはどのような「意味」をつくり出したとあなたは考えますか？そして，保育者はこのコラージュにどのような教育的「価値」を置いていると考えますか？

　私は，子ども一人ひとりが自分の心に浮かべるイメージは多様であるし，それを形ある作品にすれば，その作品もまた多様である，と学びました。しかし，目の前に並ぶ子どもたちの作品の間には，ほとんど違いがみえません。20年近く前に自分が体験した幼稚園にもあったような，馴染みのある光景が目の前にあるのですが，それが不思議でもあり奇妙にも見えました。私の頭の中はとても混乱しました。
　子どもの美術的な表現活動に対する欧米の諸研究は，子どもが自由に活動できるように，大人または保育者は，極力その影響力を抑えるべきだという，教

える側の「**価値**」を見い出してきました。チゼック（1912）は，子どもは目の前の素材・材料を子ども自身が操作したいという要求を満たすことで，子どもの造形活動は単純なものから複雑なものへと発展することを明らかにしました。そして，こうした子どもの発達を促すには，大人の干渉を抑えて子どもの主体的な創作を生み出す環境づくりが不可欠であると指摘しました[2]。また，ゲイッキル・ゲイッケル（1952）は，大人がつくり方や描き方を教えて子どもにその方法を真似させると，子どもの作品づくりへの意欲や創造性が抑えられてしまうと指摘しました。さらに，ローウェンフェルド（1955）は，子どもの造形活動は，子ども一人ひとりの個性が発揮できるよう，表現の仕方や使用する素材の選び方や使い方は，大人が決めるのではなく，子どもに自由にさせるほうが望ましいと明言しています。コラージュ活動についても，コーエンとルドルフ（1983）は，子どもが自分の好きな素材を自由に選べるよう，大人は多種多様かつ豊富な素材を与えなくてはならない，と述べています。

　写真に示した「ペンギンさんのうちわ」づくりの活動は，上述した諸研究で示された理想の対極にさえあるように思えてきます。しかし，だからといって，「ペンギンさんのうちわ」づくりが価値のないものと断定することはできません。確かに，筆者自身が園児として日本の幼稚園に通っていた頃にも，皆と同じ材料で「おせいさく」をした記憶があります。月ごとにつくる作品があり，先生が皆に丁寧につくり方を教えてくれました。日本で生まれ育った私たちには，当たり前の方法であり，似たような作品が教室に並ぶことも，当たり前の光景と言えるでしょう。

　「ペンギンさんのうちわ」づくりに代表される「おせいさく」には，欧米の研究者が論証してきた子どもの「**意味**」と教える側の「**価値**」とは異なるものが埋め込まれているように思えます。それは，どのようなものなのでしょうか。筆者はその後，日本の伝統的な幼稚園でのフィールドワークを積み重ねることで，その謎解きをしていくこととなりました。

2：チゼックの美術教育は，Viola, W. 1942 *Child Art*, University of LondonPress. Ltd. London. 久保貞次郎・深田尚彦訳『チィゼックの美術教育』黎明書房，1976に詳しい。

4．作品づくりの過程で築かれる友だちとのかかわり

　上述した問いを考えるにあたって，参考になった研究の一つに橘（1990）の研究が挙げられます。橘（1990）は，作品づくりを媒介とする子どもたちの情報交換と相互交流によって形成される「開かれた人間関係」が，子どもの表現意欲を引き出す，と論じています。

　先述した美術的活動あるいは表現活動に関する諸研究では，「個」としての子どもが道具や素材を扱う意味や，「個」としての子どもが，**空想**（fantasy）と**現実**（reality）との間を行き来しながら生み出す意味に注目していました。橘（1990）の知見は，その関係性が活動に実質的な影響を与えるという新たな視座を提示したことになります。

　筆者らも日本のある幼稚園で行ったフィールドワークで，橘（1990）の指摘する「人間関係」がさまざまな場面で重視されていることを確認しました。そして，子どもの関係づくりとその関係への定義づけを通して，知識・技能，望ましいとされる行動の仕方等への学習が促されている仕組みを記述しました（結城，1993，1994，1998；結城・藤田，1992）。この学習の仕組みを簡単に紹介しましょう。

　幼稚園では，リトミックやお弁当の時間などあらゆる活動で，子どもは「班」や「グループ」単位で活動しています。幼稚園によってその集団単位の数は異なりますが，筆者らが観察した幼稚園では，10種類を数えました。これらの集団の編成を詳しくみると，月齢・性別・パーソナリティ・技能や能力など，子どもの間にある差異が目立たないような組み合わせになっていることがわかりました。

　集団単位に編成する子どもの組み合わせは，予測される達成レベルにおいて，集団間は均質になるように，集団内は多様な特性の子どもが集まるように検討されています。つまりその集団編成には，同じ集団メンバーで頑張れば，どの集団も一番になれる可能性がある，という仕掛けが組み込まれているのです（結城・藤田，1992）。

　保育者は，知識・技能や望ましいとされる行動の仕方を子どもに学ばせる場

面で，上述した集団単位での活動を多用します。ある時は，個が集団の一員であることを意識させながら，その集団で協力をして全員が活動をやり遂げるように導いていきます。ある時は，その集団間の競争を通して，またある時は，集団の一員としてふさわしくない個人がいることを暗示して，期待される作業の達成や行動の仕方を子ども一人ひとりが率先して達成するように導いていきます（結城，1993）。

こうした保育者による子どもの関係づくりは，あらゆる活動の中で繰り返されます。また，保育者が子どもに対して使用する呼称も，学年が上がるにしたがって「個人名」よりも「集団名」が多用されていきます。つまり，保育者による子どもの関係づくりによって，子どもは幼稚園で社会化されていくわけです（結城，1998）。

こうした教育的・社会的文脈の中では，絵を描いたり，いろいろな素材を使って作品をつくったりする時間もまた，子どもの関係づくりの格好の場となります。一見，子どもたちに同じようなものをつくらせていく過程でも，どのようにつくればうまくいくのか，子ども同士が情報交換をしたり相互交流をしたりしながら，共に助け合い・分かち合い・励まし合う様子が期待されています。この**「価値」**は，日本で生まれ育った者にとっては当たり前のことであり，保育者も「当たり前のやり方」として意識していないことがしばしばあります（結城，1998）。

5．子どもが埋め込む「意味」と保育者が置く「価値」

もちろん，日本の幼稚園や保育所にも，絵を描いたり作品づくりをしたりする時間には，素材の設定や使い方を保育者が指定しない活動も多くあります。しばしば，これらの活動は，「自由画」づくり，あるいは，「自由あそび」の時間と呼ばれています。子どもが文字通り，保育者の設定から自由になる，という意味合いがあるのかもしれません。そこには，「個」としての子どもが，**空想**（fantasy）と**現実**（reality）との間を行き来しながら生み出す**「意味」**を重視し，その育ちを支援する保育者の**「価値」**が埋め込まれています。

一方で，絵を描いたり作品づくりをしたりする時間には，保育者が素材の設

定や使い方も決め，集団単位で活動させる場面も多くあります。これまでこうした活動は日本的集団主義による画一化教育である，と少なからぬ批判を浴び，保育者によっては，ある種の後ろめたさを感じながら継承している活動となっているようです。

しかし，この後者の活動では，後者の活動だからこそ実現できる子どもたちの育ちがあります。活動の過程で，子どもたちは，助け合い・分かち合い・励まし合うことの「**意味**」を見つけ出す可能性があります。皆で頑張ってやり遂げることの「**意味**」を達成感とともに見つけ出すこともあるでしょう。活動の過程で，自分の思いや考えが相手に伝わる・伝わらない経験をし，伝わるように伝える「**意味**」を見い出していく可能性もあるでしょう。そこには「個」の育ちのみに注目していては見落としてしまう，集団の中で子どもが見い出す「**意味**」があるはずです。と同時に，そこには，子どもが築く人間関係に対して保育者が置いている「**価値**」があるはずです。

ガードナー（1991）は，「子ども自身が」どのような役割・機能を与えているのかで，絵の出来具合は異なると指摘しました。しかし，これまで本章でみてきたように，このガードナーの指摘を次のような見方でもとらえ直すことができます。それは，「保育者」が絵を描いたり作品をつくったりする活動に対してどのような役割・機能を与えているのかによって，子どもの作品への評価は異なりうる，という見方です。

このように考えてみると，私たち保育者は，一つひとつの保育活動に対して，どのような価値を置いているのかを十分に意識しておかなくてはならないことが再認識されます。たとえば，個人が思いのままに取り組める「自由あそび」と皆で一緒につくる「おせいさく」とでは，保育者の置く教育的な「**価値**」とそこで期待され評価される子どもの様子は異なる，ということです。

同時に保育者は，保育者が活動に置く「**価値**」は，実際の活動の過程で子どもが埋め込んでいく「**意味**」と，離齬が起こる可能性がある，ということも意識しておかなければならないでしょう。

たとえば，**空想**（fantasy）と**現実**（reality）との間を行き来しながら自分自身の「**意味**」を生み出すことを好む子どもがいるとします。その子どもにとっては，素材の選定も使用の仕方も保育者に決められ，他の子どもとの干渉

を受けながら活動を進めることは，息苦しい活動になってしまうのかもしれません。また，たとえば，素材の選定も使用の仕方も保育者に決められることを好む子どもがいるとします。この子どもにとっては，自由に活動をしてよいということに戸惑い，負担を感じてしまう可能性もあります。

　以上の知見を，最後に整理しておきましょう。子ども一人ひとりの育ちを支えるためには，保育者として少なくとも次の三つの前提を意識しておく必要があることがわかります。第1は，一人ひとりの子どもが育つ環境は多様であり，それぞれが活動過程に対して見い出す「意味」は多様であるという前提です。第2は，一人の保育者が活動過程に対して置く「価値」は，自覚的なもの・無自覚的なものも含めて多面的であるという前提です。第3は，活動に対して子どもが見い出す「意味」と保育者が置く「価値」は必ずしも一致しないという前提です。

　これらの前提を踏まえると，保育者の重要な役割として以下のことが指摘できます。まず，保育者自らがその活動に置く「価値」が子どもの見い出す「意味」の評価を左右してしまうということを十分に認識することです。そのためには，自分が意識的・無意識的に置いている「価値」を掘り起こしておくことが必要です。

　次に，活動に対して自分が置く「価値」に，自分の思い込みや偏りが強く反映されているかもしれないという視点を入れながら，その妥当性を検証していくことです。そのためには，子ども一人ひとりが活動の過程で見つけていく「意味」を，丁寧に把握する必要があります。

　保育者がもつ教育的「価値」を，子どもの見い出す「意味」により検証し，調整し，教育実践を積み上げていく。それこそが，保育者に課されたプロフェッショナルとしての仕事なのではないでしょうか。

演習問題

　幼稚園または保育所の給食あるいはお弁当の時間を参観して下さい。その参観の中で，

A. 給食あるいはお弁当の時間に，保育者はどのようなセッティングを行い，子どもたちに対してどのようなかかわり方をしていたのでしょうか。その中に，保育者のどのような「価値」が埋め込まれていたのかを考えて下さい。

B. 給食あるいはお弁当の時間で観察した子どもの行動の様子や会話，他の子どもとのかかわり方を丁寧に記述してみて下さい。その過程で子どもがどのような「意味」を見つけ出しているのかを考えてみて下さい。

C. 保育者の置いた「価値」と子どもの「意味」の間にどのような関係があるのかを検討し，保育者の役割は何かを検討して下さい。

15章 育児の失敗説を再考する

　ちまたは育児本が並び，所せましと育児用品があふれています。のみならず，公的な育児支援も年々拡充しているようです。こうした日常的な光景を目にすると，昔に比べて子育てを取り巻く環境が改善していると思われるかもしれません。しかしながら，育児ストレス・育児不安は減じるどころか増しているようにも見受けられるし，育児放棄という言葉さえも耳にするようになりました。このパラドクスをどうとらえたらよいのでしょうか。一つヒントを出します。物理的な利便性の向上は必ずしも精神的負担につながらないということです。どういった取り組みが育児に励む親の精神的負担をやわらげてくれるのか。本章とともに検討していきましょう。

1．子育ての現在

　昔に比べると，育児の手間を軽減する用具が比較にならないほど増え，かつ公的な育児支援も進められていますが，育児における疲労感や精神的ストレスを感じる親は減っているとは言えません。なぜ，現代の親，とりわけ母親は育児に困難を覚えるのでしょうか。

　核家族化の進行および女性（母親）の社会進出傾向とそれに伴う地域ネットワークの喪失をその原因として挙げる専門家もいれば，あるいは「母親が弱くなった」と慨嘆する識者もいます。ただ，だからといって，大家族化に回帰し，地域ネットワークの再構築を目指すのは現実離れしていますし，「母親を強くする」方向性は，根拠を欠いたまま責任を母親に押し付ける感情に流された姿勢にすぎません。

　ここで留意したいのは，現代の親が子育てを嫌がったり，甘くみているわけではないということです。ほとんどの親は懸命に子育てに励もうとしています

し，実際に取り組んでもいます。育児に熱心であろうとする態度に不安や疲労が付随しているという図式です。

冒頭で，育児をめぐるハード面での変化，すなわち育児用品の量的・質的な充実や育児支援にむけた諸策の進展が，精神的負担の軽減には寄与していないのでは，と述べました。このことは，ハード面ばかりを改革しても効果は期待できないという限界性を示唆しています。とすれば，私たちは子育てをめぐる観念形態や社会のまなざしといったソフト面にも注意を払いながら，子育ての現在を考える必要があるのかもしれません。

ソフト面の現状および，それをどう変革すれば親の精神的負担を和らげることにつながっていくのか。本章ではこうした視点から，子育ての現在と未来を検討していきます。

2．子育てをめぐる二つの神話

(1) 母性の実態

誰しも，**母性**や母性愛という言葉を耳にしたことがあるでしょう。母性とは「女性がもっているとされている母親としての本能や性質」，母性愛は「母親としての子どもに対する本能的な愛情」とされており，私たちの日常生活でも，「お腹を痛めたわが子がかわいくないはずはない」といった言い回しが用いられたりします。こうした慣習的表現も「本能的」かつ「生得的」な母性が前提となっていますが，学術レベルにおいては，母性本能説は説得性を失いつつあります（大日向，2000，p.16）。母性本能説は神話だというのです。

たとえば，18世紀パリの子育て状況を検討したバダンテール（Badinter, E., 1944-）によれば，母親の手で育てられる子どもは稀な存在でした。当時は，貴族層においては乳母が育児を担い，中産階級では里子に出すことが習慣化していました。貧困層の中には自ら育児をする母親はいましたが，わが子を捨ててしまうケースも少なくありませんでした。

ところが，18世紀後半以降の近代化という社会変動により，母親という役割や重要性への認識が根本的に変転したことで母性イデオロギーが生まれ，以降，望ましいとする価値を帯びつつ定着していくことになります（バダンテール，

1998)。この経緯からわかるように、母性は近代化の産物にすぎません。したがって、母性は女性の本能ではなく、ある時期から強調され始めた神話といえます。

(2) 3歳児神話の誕生

次に、もう一つの神話である**3歳児神話**に触れておきます。周知のように、3歳児神話とは、「母親は子どもが3歳になるまでは育児に専念しないと、子供が寂しい思いをするなどして、将来的に取り返しのつかないダメージを子どもに与える」という見解です。母親にとっては親切にも脅しにも聞こえるような「規範」ですが、なぜ2歳あるいは4歳が基準にならなかったのか、という素朴な疑問が生じます[1]。3歳児神話の源泉に鋭く迫った、小沢（1989）をなぞりながら「神話の誕生」を確認していきましょう。

結論から言えば、3歳児神話が広まったのは戦後、高度成長期以降のことです。昭和36(1961)年、池田内閣の「人づくり政策」のもとで3歳児検診が開始されました。当時の厚生省児童局長は、昭和39(1964)年に著した『日本の社会福祉』という本で検診導入にいたる舞台裏に触れながら、3歳児検診について次のように主張します。(1)人づくり政策の要は乳幼児期の家庭育児政策である、(2)そのために母親を家庭にとどめ、育児専業の位置におく必要がある、(3)問題をもつ家庭や子どもに関しては国が施設にあずかる。その発見のために検診は有効である、と検診と家庭育児の重要性を結び付けています。つまり、「3歳までの育児が大切」という意識は、国の施策の一環として3歳児検診が開始されたことで芽生えたといえます。

この数年後の昭和39(1964)年から翌年にかけて、NHK大阪の製作による幼児教育番組「三歳児」が放映されます。昭和41(1966)年には、この番組をもとにした『三歳児』という書籍が出版され、その後の長きにわたって売れ続けま

1：2005年に調査が実施された、内閣府「少子化社会に関する国際意識調査」報告書（2006）には、「3歳くらいまでは母親が家庭で世話をすべきだという意見（3歳児神話）」についての賛否を問う項目があります。それによれば、「賛成」27.3%、「どちらかといえば賛成」40.5%、であり、約7割が賛成の傾向にあります。参考までに、国別に賛成の傾向をみると、スウェーデン31.8%、仏国46.8%、米国62.7%、韓国85.5%となっています。
http://www8.cao.go.jp/shoushi/cyousa/cyousa17/kokusai/index.html

した。いわば，マスメディアが3歳児ブームに火をつけたことによって，人々の脳裏に「3歳」が刻み込まれていくわけです。

　神話が存在するのは日本に限りません。たとえば，スウェーデンでは「1歳児神話」が（舩橋，2006，p.45），中国では反対に，幼児期は誰が育てても同じだけど，学齢期以降は親が手をかけるべきとする「小学生神話」があります（落合他，2006，p.94）。こうした各国の神話からも，3歳児神話の根拠の曖昧さが理解できましょう。

3．子育ての転換期

（1）　子育て法の一元化

　神話の怪しさと同様，日本における「育児の常識」もまた，普遍的なものではないようです。たとえば，品田（2004）によれば，模範とされる子育て法は1980年代を境に大きく変化し現在に至っています。

　ターニングポイントは，**母子健康手帳の副読本**が大幅に書き換えられた昭和60(1985)年です。母子健康手帳の副読本というのは，女性が妊娠したときに母子手帳と一緒にもらう100頁ほどの冊子で，その内容を見ますと，どのページでも乳児期の子育てについて綴られています。この副読本のスタンスが，親主導からもっぱら子ども中心，すなわち乳幼児の立場に立って最善のものを最大限与えるべし，へと変化したのが昭和60年の改訂版からでした。

　たとえば，1960年代の副読本では，赤ちゃんの一人寝を好ましいものとしていましたが，昭和60年以降は一転して「添い寝はお勧め」的な記述になっていきます。また，授乳に関しても同様に，かつては時間間隔を決めて授乳する「規則授乳」型が推奨されていましたが，昭和60年を境に赤ちゃんが欲しがるときにあげる「自己欲求授乳」型へと変化しました。

　この副読本の大転換によって母親たちが，「自分の欲求を犠牲にしてまでも，子どもの欲求を優先しなければいけない」のだと思い込み始めました。こうして，子ども中心の「超日本式育児」が新たに創出され，**子育て法の一元化**が加速していきます[2]。この一元化は，現代の子育てを難しいものにしています。

（2） マニュアル化の落とし穴

　一元化とは，わかりやすい言葉で置き換えるとマニュアル化ともいえます。決まった方法があれば子育ての負担が軽くなると思われがちですが，案外，弊害のほうが大きいのかもしれません。

　第1に，母親たちは，一元化された子育て法から外れるのを過度に恐れるようになってしまっているということです。つまり，「超日本式育児」以外の方法が，育児の失敗につながるのでは，とする意識を醸成していきます。その結果，母親は自身の一挙一動に不安を抱いたり，チェックしながら育児に勤しむようになりました。育児という営みにおいて，子どもだけでなく自分自身にも気を払わなくてはいけなくなったのです。さらにいえば，一元化によって母親に課せられる「やって当然」「できて当たり前」のレベルが上昇しました。

　第2に，育児法の一元化によって，子どもの反応の多様性に困惑するケースが生じました。マニュアル化された単一の基準のもとで子どもに接するゆえ，その反応に対してもマニュアル的なものを期待してしまうということです。期待どおりのふるまいであれば親は安心しますが，予期せぬ反応を示した時は，「なぜ，うちの子どもは違うの？　私は育児に失敗しているのかもしれない」と不安が不安を増幅していく悪循環が発生したりもします。

　要するに，現代の親は，子どもおよび自分自身に，さらには子どもの反応に対しても細心の注意を払いながら育児をしているのです。こう考えると，育児不安や育児放棄は必ずしも親としての自覚や責任感の欠如とはいえません。**子ども中心主義**の完璧な親であろうと頑張るがゆえ，疲弊しバーンアウトしている側面が小さくないからです。

4. 少年の非行化は育児の失敗か

（1）「しつけの失敗＝非行化」のイメージと実態

　一般に，青少年の犯罪や非行傾向が問題として俎上にのせられる際には，家族のありかたと結びつけてイメージされがちです。たとえば，内閣府が2005

2：「超日本式育児」とは，母親から労働という制約を除去したうえで，風習の子育てを基本に小児医学の潮流を混合した子育て法のことを指します（品田，2004，p.132）。

年に実施した調査では、どのような少年が事件を起こしていると思うか、という意識を問う項目があります[3]。割合の高かった上位3点を列記すれば、「保護者が教育やしつけに無関心な家庭の少年」(59.9%)が断トツでトップ、「何ら問題がないと思われている少年」(38.9%)、保護者などから虐待を受けたことがある少年」(32.7%)と続いています。大人の6割が、「親のしつけが不十分だから、子どもが非行化してしまうのだ」と感じているようです。

こうした印象論の一人歩きは、わが子のしつけに四苦八苦しながらも一生懸命取り組んでいる現代の親たちを、さらに疲弊させることでしょう。しかし、この**「しつけの失敗＝非行化」**という説明図式は過度に単純化されている気がしないでもありません。親子関係と非行化との複雑な関連性を、「非行原因に関する総合的調査研究（第3回）」(内閣府、1999年)によりながら確認していきましょう[4]。

まず、現実としては親子関係が緊密であるか否かは子どもの非行化と無関係ではないようです。親とうまくやっている少年よりも、どちらかといえば親から受容されず放任された状態にある少年のほうが非行に走りやすいとの結果が出ています。この部分だけを取りあげると、確かに、しつけのありかたが子どもに影響を与えているといえます。

次に、一般少年と非行少年の家庭環境の違いについてです。非行少年の家庭は一般少年のそれに比べると、経済的に豊かではないケースが多く、かつ、文化的水準が低い傾向にあります。非行少年の家庭は階層的劣位に置かれていることになります。

(2) 社会構造起因説という視点

上記の諸調査の結果をふまえると、しつけの様態と非行化とを直接的な因果関係として結び付けるのは強引といえましょう。表面的には、しつけの態様が

3：内閣府「少年非行等に関する世論調査」(2005)は、少年非行について、日本の大人がどのように感じているのかを調査したものです。
http://www8.cao.go.jp/survey/h16/h16-shounenhikou/index.html
4：内閣府「非行原因に関する総合的調査研究（第3回）」1999。
http://www8.cao.go.jp/youth/kenkyu/hikou3/html/html/mokuji.html

少年の非行化に影響をおよぼしているように表れますが,根源的には,家庭の経済的・文化的水準の程度が大きな要因になっていると考えられるからです。親の態度が子どもにとって辛いものとなるのは,たとえば経済的に困窮状況にあったりするから,ということです。つまり,非行は個々の家庭に起因するのではなく,マクロな構造的な問題といえます。

「保護者などから虐待を受けたことがある少年」と非行化との関連性についても触れておきましょう。量的な分析からは,少年の被虐待経験と逸脱行動との相関性が導き出されています(山口,2001)。また,別の論文は,経済的ゆとり感のなさと育児不安は関連し,その育児不安がマルトリートメントに影響をおよぼす可能性を示唆しています[5](山本ほか,2006,p.69)。要するに,虐待された経験と非行化は無関係ではないけど[6],その虐待の源流を遡っていくと,家計状況の厳しさという問題に行き着くのでは,ということです。

本節では,いくつかの切り口から「しつけの失敗＝非行化」説を検討しました。ここで強調したいのは,育児の失敗が少年の非行化をもたらすというよりも,恒常的に恵まれない環境や関係に直面している少年が逸脱傾向にあるという点です。世論調査でもあきらかなように,私たちは非行の原因をしつけに求めてしまいがちですが,こうした姿勢は世の親を焦らせるだけで,事態の改善からますます遠ざかっていくのかもしれません。非行化の責任を家庭に押し付けるのではなく,私たち社会の成員が社会構造の問題として共有し,解決策を講じていくことが,一方で少年の非行化を抑制し,他方で育児の精神的負担を軽減していくことにつながっていくのではないでしょうか。

5．子育ての未来

現代の子育てが昔に比べて辛いものとなっているのは,親がなすべきこととされる領域が広がるとともに,親たちが「失敗」に対し過敏になっているから

5：マルトリートメント(maltreatment)とは,大人の子どもに対する不適切な関わりのことを意味する,日本の「児童虐待」に相当する概念です。
6：とはいえ,被虐待経験のある少年であっても,そのほとんどは非行とは無縁なのが実情でしょう。

でしょう。しかし,「失敗」の多くが実態として存在しているのかは疑問に感じます。社会に流布している神話の類や育児の指南本の情報,そして「しつけの失敗＝非行化」といった風説が親の不安を煽り,親が自らの意識の中に「失敗」を構築せざるをえなくなっている,と考えられるからです。つまり,不安が強まっていくにつれて失敗の範囲も拡大していくということです。同一の事象でも,考え方次第で失敗と意識されたりされなかったりするのです。

　一例を挙げましょう。育児書に記載されている子どもの姿とわが子の様子が全然違うような場合,フランスの母親に多いのは「この育児書は私の子どものことを書いていない」という反応ですが,対照的に日本の母親に圧倒的に多いのが「動揺する,心配になる」というものでした（汐見,1996, p.145）。おそらく,フランスの母親が意識する「失敗」の範囲は,日本の母のそれよりもずっと狭いでしょう。日本では,誰にも通用する「正しい」育児の方法—それに対する「好ましい」子どもの反応—があると思いこむ（思いこまされる）度合いが高いゆえ,「正しい」とは違った方法,「好ましい」とは異なった反応が,安直に失敗と認識されやすくなっていると言えます。

　したがって,親を追い込まない環境を整えてあげることが,育児の不安,失敗への特効薬になります。こうした環境づくりは何ら難しいことでもないし,たいしたコストも要しません。理想の子育て論や規範的しつけ論の押し付けを控え,子育てのかたちも成長の仕方も人それぞれといった態度に寛容になること,それだけで育児の主体である親が精神的負担から解放され,もう一方の主体たる子どもにプラスに作用するのではないでしょうか。

演習問題
　　A. 一人の女性が沢山の子どもを産んでいた時代の子育ての実態を調べてみましょう。
　　B. 学内図書館や公共図書館を活用し,ここ数十年の間に市販された育児書等に丹念に目を通してみましょう。そのうえで,育児のトレンドがどのように変化してきているのか,さらには,なぜそうした変化が生じたのかにつ

いて，グループで議論してみてください。
C．なぜ，少年非行が各家庭のしつけのありかたと結び付けられがちになったのでしょうか。高校進学率の上昇（子ども期の延長）と関連させつつ，検討してみましょう。

■■■引用・参考文献

■1章
デュルケーム，E．佐々木交賢(訳)　1982　教育と社会学　誠信書房
フーコー，M．田村俶(訳)　1977　〈監獄〉の誕生　新潮社
広田照幸　2003　教育には何ができないか　春秋社
広田照幸　2009　ヒューマニティーズ　教育学　岩波書店
今井康雄　2004　メディアの教育学　東京大学出版会
カント，I．勝田守一・伊勢田耀子(訳)　2000　世界教育学選集　60　教育学講義　明治図書
レイヴ，J．・ヴェンガー，E．佐伯胖(訳)　1993　状況に埋め込まれた学習―正統的周辺参加　産業図書
森　重雄　1987　モダニティとしての教育　東京大学教育学部紀要第27巻
森　重雄　1993　モダンのアンスタンス　ハーベスト社
森田伸子　1986　子どもの時代　新曜社
モレンハウアー，K．今井康雄(訳)　1987　忘れられた連関　みすず書房
ノディングス，N．宮寺晃夫(監訳)　2006　教育の哲学　世界思想社
ルソー，J.J．今野一雄(訳)　1962〜64　エミール(上)(中)(下)　岩波文庫

■2章
福田雅章　2001　あらためて子どもの権利の本質を問う　教育　第668号　国土社
堀尾輝久　1971　現代教育の思想と構造　岩波書店
堀尾輝久　1991　人権としての教育　岩波書店
堀尾輝久　2007　子育て・教育の基本を考える―子どもの最善の利益を軸に　童心社
星加良司　2007　障害とはなにか　生活書院
茂木俊彦　2007　障害児教育を考える　岩波新書
中野光・小笠毅　1996　ハンドブック　子どもの権利条約　岩波ジュニア新書
大江洋　2004　関係的権利論―子どもの権利から権利の再構成へ　勁草書房
岡本夏木・浜田寿美男　1995　発達心理学入門　岩波書店
大南英明・緒方明子　2002　障害児教育論　放送大学教育振興会
大田堯　1997　子どもの権利条約を読み解く―かかわり合いの知恵を　岩波書店
尾崎ムゲン　1999　日本の教育改革―産業化社会を育てた130年　中公新書
ピアジェ，J．谷村覚・浜田寿美男(訳)　1978　知能の誕生　ミネルヴァ書房
ポルトマン，A．高木正孝(訳)　1991　人間はどこまで動物か　岩波新書
津守真　1997　保育者の地平―私的体験から普遍に向けて―　ミネルヴァ書房
山住正己　1989　日本教育小史　岩波新書
世取山洋介　2001　子どもの権利論の基本問題をめぐって―「服従かさもなくば解放か」あるいは関係の質の改革か　人間と教育　第31号　旬報社

■3章
本田由紀　2008　「家庭教育」の隘路　勁草書房
伊藤悟　2002　ゲイにとっての子育て　広田照幸(編)〈理想の家族〉はどこにあるのか？　教育開

発研究所　p.230-240.
子どもの権利条約・市民　NGO報告書を作る会(編)　1997　"豊かな国"日本社会における子ども期の喪失　花伝社
野々山久也　2006　家族新時代への胎動　広田照幸(編著)　子育て・しつけ　日本図書センター　p.26-38.
落合恵美子　2008　21世紀家族へ　第3版(初版1994)　有斐閣
大豆生田啓友・太田光洋・森上史朗(編)　2008　よくわかる子育て支援・家族援助論　ミネルヴァ書房
大田堯　1997　子どもの権利条約を読み解く　岩波書店
庄司洋子・松原康雄・山縣文治(編)　2002　家族・児童福祉　有斐閣
高橋重宏　1998　子ども家庭福祉論―子どものウェルビーイングの促進―放送大学教育振興会
全国保育団体連絡会・保育研究所(編)　2007　保育白書　ひとなる書房

参考ビデオ：NPO法人「円ブリオ基金」センター・生命尊重センター企画『赤ちゃんポスト―ドイツと日本の取り組み』http://www.seimeisontyou.org/

■4章

安藤寿康　2000　心はどのように遺伝するか―双生児が語る新しい遺伝観　講談社
グールド, S.J.　鈴木善次・森脇靖子(訳)　1998　人間の測りまちがい―差別の科学史(増補改訂版)　河出書房新社
勝田守一　1964　能力と発達と学習　国土社
教育思想史学会(編)　2000　教育思想事典　勁草書房
宮寺晃夫　2006　教育の分配論―公正な能力開発とは何か　勁草書房
宮川彰(編著)　1985　発達心理学Ⅰ　放送大学教育振興会
森田尚人　1994　発達観の歴史的構成―遺伝―環境論争の政治的機能　教育学年報3　世織書房
サトウタツヤ・渡邊芳之　2005　「モード性格」論―心理学のかしこい使い方　紀伊国屋書店
菅原ますみ　2003　個性はどう育つか　大修館書店
米本昌平他　2000　優生学と人間社会　講談社

■5章

ボイド, W.　1979　中野善達・藤井聰尚・茂木俊彦(訳)　感覚教育の系譜　ロックからモンテッソーリまで　日本文化科学社
フレーベル, F.　小原國芳・荘司雅子(監修)　1991　幼稚園教育学　フレーベル全集　第4巻　玉川大学出版部
フレーベル, F.　荒井武(訳)　1997　人間の教育　(上)(下)　岩波文庫
カント, I.　湯浅正彦・井上義彦・加藤泰史(訳)　2001　教育学　カント全集　第17巻　岩波書店
モンテッソーリ, M.　鼓常良(訳)　1992　子どもの発見　国土社
村松茂美・小泉尚樹・長友敬一・嵯峨一郎(編)　2005　はじめて学ぶ西洋思想　ミネルヴァ書房
長尾十三二・福田弘　1998　ペスタロッチ　人と思想　105　清水書院
ナトルプ, P.　乙訓稔(訳)　2000　ペスタロッチ　その生涯と理念　東信堂
ペスタロッチ, J.H.　前原寿, 石原哲成(訳)　1987　ゲルトルート教育法・シュタンツ便り　西洋の教育思想6　玉川大学出版部

戸部松実　2007　「エミール」談論　国書刊行会
ロック, J.　2000　服部知文(訳)　『教育に関する考察』岩波文庫
ロック, J.　2006　大槻春彦(訳)　『人間知性論』第1～4巻　岩波文庫
ルソー, J.J.　今野一雄(訳)　1997-1998　エミール　(上)(中)(下)　岩波文庫

■6章
原ひろ子　1979　子どもの文化人類学　晶文社
原ひろ子　1989　ヘヤー・インディアンとその世界　平凡社
ジャック・ラカン　1987　精神病(上)(下)　岩波書店
小熊英二　2006　日本という国　理論社
西平直　2005　教育人間学のために　東京大学出版会
佐藤学　2000　「学び」から逃走する子どもたち　岩波ブックレット　No.524
寺崎昌男(編)　1994　日本の教育課題6　選抜と競争　東京法令
寺崎弘昭　1995　近代学校の歴史的特異性と＜教育＞「学校の近代を超えて」堀尾輝久・奥平康照他(編)　講座学校1　学校とはなにか　柏書房
内田樹　2007　下流志向　学ばない子どもたち働かない若者たち　講談社
矢野智司　2006　意味が躍動する生とは何か　遊ぶ子どもの人間学　世織書房

■7章
ブルデュー, P. パスロン, J. 1991　再生産―教育・社会・文化　藤原書店
藤田英典　1997　教育改革―共生時代の学校づくり　岩波新書
藤田英典　2000　市民社会と教育―新時代の教育改革・試案　世織書房
藤田英典　2007　義務教育を問いなおす　ちくま新書
藤田英典(編)　2007　誰のための教育再生か　岩波新書
深谷昌志　1969　学歴主義の系譜　黎明書房
廣田　健　2004　学校選択制の制度設計と選択行動の分析　堀尾輝久・小島喜孝(編)　地域における新自由主義教育改革　エイデル研究所
広田照幸　2004　思考のフロンティア　教育　岩波書店
飯塚真也・谷口聡　2004　教育特区における教育改革手法　堀尾輝久・小島喜孝(編)　地域における新自由主義教育改革　エイデル研究所
乾　彰夫　1990　日本の教育と企業社会――一元的能力主義と現代の教育＝社会構造　大月書店
大田堯(編著)　1978　戦後日本教育史　岩波書店
佐藤俊樹　2000　不平等社会日本―さよなら総中流　中公新書
山本由美　2004　品川区「教育改革」の全体像と問題点　堀尾輝久・小島喜孝(編)　地域における新自由主義教育改革　エイデル研究所

■8章
藤田英典　2005　義務教育を問い直す　ちくま新書
広田照幸　2004　思考のフロンティア　教育　岩波書店
広田照幸　2005　《愛国心》のゆくえ　世織書房
広田照幸　2009　格差・秩序不安と教育　世織書房

広田照幸・武石典史　2009　教育改革を誰がどう進めてきたのか　教育学研究　第76巻第4号
市川昭午(編)　2004　教育改革の論争点　教育開発研究所
苅谷剛彦他　2005　検証・地方分権化時代の教育改革　教育改革を評価する　岩波書店
小川正人(編)　2005　義務教育改革　教育開発研究所
大内裕和　2003　教育基本法改正論批判　白澤社
佐貫浩・世取山洋介(編)　2008　新自由主義教育改革―その理論・実態と対抗軸　大月書店

■9章
大門正克　2000　民衆の教育経験　青木書店
土方苑子　2002　東京の近代小学校　「国民」教育制度の成立過程　東京大学出版会
池田祥子・友松諦道　1997　保育制度改革構想　栄光教育文化研究所
菊池敬一・大牟羅良(編)　1964　あのひとは帰ってこなかった　岩波新書
児玉幸多　1951　近世農民生活史　江戸時代の農民生活　吉川弘文館
岡田正章　1970　日本の保育制度　フレーベル館
太田素子　近代的子ども観の胎動　1987　保育幼児教育体系第5巻　保育の思想　日本　労働旬報社
小山静子　1991　良妻賢母という規範　勁草書房
宍戸健夫　1994　保育の森　子育ての歴史を訪ねて　あゆみ出版
立岩真他　1997　私的所有論　勁草書房
浦辺史・宍戸健夫・村山祐一　1981　保育の歴史　青木書店
渡辺嘉重　1884　子守教育法　普及舎
横山浩司　1986　子育ての社会史　勁草書房
湯川嘉津美　2001　日本幼稚園成立史の研究　風間書房

■10章
エリス，M.J.　森楙・大塚忠剛・田中享胤(訳)　1977　人間はなぜ遊ぶか　黎明書房
保育小辞典編集委員会　2006　保育小辞典　大月書店
石部元雄(編)　1980　改訂障害児教育一般原理　福村出版
岩内亮一・萩原元昭・深谷昌志・本吉修二　1993　新版教育学用語辞典［増補］　学文社
狩俣恵常・下村哲夫・原聡介(編)　1985　新版　現代教育原理　文教書院
岸井勇雄(編)　2003　保育・教育ネオシリーズ［1］幼児教育の原理　同文書院
向山洋一　1987　授業の着想―教育技術の法則を求めて―　日本書籍
森楙(編)　1992　教職科学講座第10巻　幼児教育学　福村出版
森上史朗・柏女霊峰(編)　2004　保育用語事典　第3版　ミネルヴァ書房
小田豊・榎沢良彦(編)　2002　新しい時代の幼児教育　有斐閣
大沼良子・榎沢良彦(編)　2005　シートブック　子どもの教育と保育の原理　建帛社
ロジェ・カイヨワ　多田道太郎・塚先幹夫(訳)　1958　遊びと人間　講談社　1990
西郷竹彦　1989　法則化批判　文芸教育の立場から　黎明書房
柴田義松・杉山明男・水越敏行・吉本均(編)　1990　教育実践の研究　図書文化社
「シリーズ・21世紀の社会福祉」編集委員会(編)　2004　社会福祉基本用語集［五訂版］　ミネルヴァ書房
田中まさ子(編)　2003　幼稚園教諭・保育士養成課程　幼稚園・保育所実習ハンドブック　株式会社みらい

田中未来　1993　保育者のための教育原理　二訂版　川島書店
民秋言(編)　2008　幼稚園教育要領・保育所保育指針の成立と変遷　萌文書林
上野辰美・森楙・谷田貝公昭・武田紘一(編)　1991　幼児教育情報ハンドブック［2訂版］　コレール社
上野恭裕(編)　2007　幼児教育法　新現代保育原理　三晃書房
上野恭裕(編)　2008　おもしろく簡潔に学ぶ保育内容総論　保育出版社
山田敏　1977　幼児教育の方法と内容　明治図書
山田敏(編)　1979　遊びによる保育　明治図書
山本和美(編)　2002　保育方法論　樹村房

■11章
鰺坂二夫　1976　教育原論　玉川大学出版部
天野正輝　2001　カリキュラムと教育評価の探究　文化書房博文社
林幸範(監修)　2008　合格レッスン！　保育士試験　'08年度版　成美堂出版
金子保(監修)　2005　受験用　保育士試験教本　西東社
金村美千子(編著)　2007　保育原理―保育者になるための基本―　同文書院
加藤繁美　2007　対話的保育カリキュラム上　理論と構造（対話的保育カリキュラム・上）　ひとなる書房
厚生労働省　2008　保育所保育指針　解説書　フレーベル館
教師養成研究会(編著)　2004　教育原理　学芸図書
待井和江(編)　2005　現代の保育学4　保育原理　第6版　ミネルヴァ書房
三井善止(編著)　2002　新説　教育の原理　玉川大学出版部
森上史朗・芝恭子(編)　1996　演習保育講座第2巻　保育原理　光生館
森上史朗(編)　2001　新・保育講座①　保育原理　ミネルヴァ書房
人間教育研究協議会　2005　教育フォーラム35　教育評価の課題を問い直す　金子書房
西岡加名恵　2003　教科と総合に活かすポートフォリオ評価法―新たな評価基準の創出に向けて―　図書文化社
西頭三雄児・林陽子(編著)　1992　実践を支える保育Ｉ　保育原理　福村出版
柴田薫　1976　指導のための教育評価　文教書院
柴田義松・山崎準二(編)　2005　教育学のポイント・シリーズ　教育原論　学文社
民秋言(編)　2006　保育原理―その構造と内容の理解―　萌文書林
田中耕治(編著)　2003　教育評価の未来を拓く―目標に準拠した評価の現状・課題・展望―　ミネルヴァ書房
辰野千壽　2001　学習評価基本ハンドブック―指導と評価の一体化を目指して―　図書文化社
余田義彦(編著)　2001　生きる力を育てるデジタルポートフォリオ学習と評価　高陵社書店

■12章
フレーベル　荒井武(訳)　1964　人間の教育(上)　岩波書店
ハンス・ゲオルグ・ガダマー　轡田収・麻生建・三島憲一・北側東子・我田広之・大石紀一郎(訳)　1986　真理と方法Ｉ　法政大学出版局
Ｊ．アンリオ　佐藤信夫(訳)　1974　遊び―遊ぶ主体の現象学へ　白水社
河邉貴子　1991　保育のねらいと子どものつもり　発達№46　ミネルヴァ書房

河邉貴子　2005　遊びを中心とした保育　萌文書林
文部科学省　2008　幼稚園教育要領解説　フレーベル館
中野茂　1996　遊び研究の潮流　遊びの発達学　基礎編　高橋たまき・中沢和子・森上史朗(編)　培風館
西村清和　1989　遊びの現象学　勁草書房
戸田雅美　1991　保育実践に遊び理論は必要か　発達№46　ミネルヴァ書房

■13章

萩原元昭　2008　多文化保育論　学文社
橋本宏子　2006　戦後保育所づくり運動史─「ポストの数ほど保育所を」の時代　ひとなる書房
保育小辞典編集委員会　2006　保育小辞典　大月書店
清原みさ子・豊田和子・原友美・井深淳子　2003　戦後保育の実際─昭和30年代はじめまでの名古屋市の幼稚園・保育所　新読書社
神長美津子(監修)　Latta編集部(編)　2007　教育技術　Latta MOOK　保育者になりたいあなたへ　学校選びから就活までアドバイス・ブック　小学館
上笙一郎・山崎朋子　1994　日本の幼稚園　筑摩書房
金村美千子(編)　2007　保育原理─保育者になるための基本─　同文書院
待井和江(編)　2005　現代の保育学4　保育原理　第6版　ミネルヴァ書房
森上史朗(編)　1998　幼児教育への招待─いま子どもと保育が面白い─　ミネルヴァ書房
森上史朗・柏女霊峰(編)　2004　保育用語事典　第3版　ミネルヴァ書房
室田保夫(編)　2006　人物で読む近代日本社会福祉のあゆみ　ミネルヴァ書房
日本保育学会第61回大会準備委員会　2008　日本保育学会第61回大会発表論文集
大沼良子・榎沢良彦(編)　2005　シートブック　子どもの教育と保育の原理　建帛社
ロバート・フルガム　池央耿(訳)　1988　人生に必要な知恵はすべて幼稚園の砂場で学んだ　河出書房新社　1990
関口はつ江・手島信雅(編)　2003　保育原理─実践的幼児教育論─(第3版)　建帛社
汐見稔幸・近藤幹生・普光院亜紀　2005　保育民営化を考える　岩波ブックレット651　岩波書店
社団法人全国ベビーシッター協会(編)　2008　子育て家庭への育児アドバイスの手引き～家庭訪問保育における保育者の悩みや問いかけに答えて～
民秋言(編)　2008　幼稚園教育要領・保育所保育指針の成立と変遷　萌文書林
上野辰美・森楙・谷田貝公昭・武田紘一(編)　1991　幼児教育情報ハンドブック(2訂版)　コレール社
上野恭裕(編)　2007　幼児教育法　新現代保育原理　三晃書房

■14章

Cizek, G. 1912 Die Organisation und die kunstpaedagogischen Probleme des Jugendklurses. (Organization and problems of the children's art course). Paper delivered at the fourth International Kongress für Kunstunterrichit, Zeichnen und angewandte Kunst, Dresden.
Cohen, D.H. and Rudolph, M. 1977 *Kindergarten and Early Schooling*. Prentice-Hall Inc. 森上史郎(訳)　1983　幼稚園教育の基礎理論─望ましい活動とその展開─　教育出版
Eisner, E. W. 1972 *Education Artistic Vision*. Macmillan, New York.　仲瀬律久ほか(訳)　1986　美術教育と子どもの知的発達　黎明書房

Gaitskell, C. D. and M. R. Gaitskell 1952 *Art Education in the Kindergarten*. Ryerson Press, Toronto.
ガードナー，H．仲瀬律久・森島慧(訳) 1991 芸術，精神そして頭脳―創造性はどこから生まれるか 黎明書房
Lowenfeld, V. 1955 *Your Chile and His Art*. New York: Macmillan Co.
Piaget, J. 1951 *Play, dreams and Imitation in Childhood*. New York: W. W. Norton.
橘美和子 1990 対話による美術教育 福村出版
結城恵 1993 幼稚園における集団呼称の社会的機能 日本教育学会誌 教育学研究 第60巻第4号 21-30.
結城恵 1994 社会化とラベリングの原初形態―幼稚園における集団カテゴリーの機能― 日本教育社会学会誌 教育社会学研究 第55集 91-106.
結城恵 1998 幼稚園で子どもはどう育つか 有信堂
結城恵・藤田英典 1992 幼稚園における集団の編成原理 東京大学教育学部 東京大学教育学部紀要 第32巻 157-167.

■15章

バダンテール・E．鈴木晶(訳) 1998 母性という神話 筑摩書房
舩橋惠子 2006 育児のジェンダー・ポリティックス 勁草書房
落合恵美子ほか 2006 変容するアジア諸社会における育児援助ネットワークとジェンダー 広田照幸(編) リーディングス 日本の教育と社会 第3巻 子育て・しつけ 日本図書センター
大日向雅美 2000 母性愛神話の罠 日本評論社
小沢牧子 1989 乳幼児政策と母子関係心理学―つくられる母性意識の点検を軸に― 臨床心理学研究 第26巻第3号 22-36.
品田知美 2004 子育て法革命 中央公論新社
汐見稔幸 1996 幼児教育産業と子育て 岩波書店
山口毅 2001 非行としつけ・虐待 日本弁護士連合会(編) 罪を犯した少年・その保護者・付添人弁護士および一般高校生に対する質問紙調査の量的分析結果
山本理絵ほか 2008 家庭の経済的ゆとり感と育児不安・育児困難との関連―幼児の母親への質問紙調査の分析より― 小児保健研究 第67巻第1号 63-71.

■■■参考図書案内

阿部彩『子どもの貧困』岩波新書　2008
　■終身雇用や年功序列の賃金保障によって人々の生活を支える日本型雇用慣行が崩れ，現在，子育て世代（女性と若者）の半数が非正規雇用労働者として働いている。所得の低さが生活困難へと容易に結びつく現実の中で，多くの子どもが育てられている。子どもの貧困は，ごく一部の限られた家庭の問題ではない。そうした現実を実際のデータから学んでほしい。

小谷敏編『子ども論を読む』世界思想社　2003
　■1950年代の教育実践から現代の教育改革まで，さまざまな子どもの論じられ方を，社会学的な視点・方法論で読みなおした本。子どもに対するまなざしを常に問い直すことは，保育者・教育者に求められている。その意味で，複眼的に子どもをみることができるようになることの意義は大きい。

佐伯胖『幼児教育へのいざない』東京大学出版会　2001
　■保育実践者にむけて教育学や認知心理学の知見を伝えた本。子どもを未熟な存在としてではなく，われわれと共に生きる文化的実践者としてとらえる視点を用意している。日本保育思想史の二大潮流を構成する倉橋惣三と城戸幡太郎の保育実践理論を認知科学の知見から整理した箇所からは，理論と実践が交錯する醍醐味を味わえる。

田中智志・今井康雄編『キーワード　現代の教育学』東京大学出版会　2009
　■教育に関する基本的なキーワードに沿って，教育思想・教育人間学の視点から，現代の教育が読み解かれている。単なるキーワードの用語解説ではなく，奥の深い洞察と議論がなされているので，丁寧に読んでみてほしい。あれこれ考えながら読めば，現代の教育が抱える困難について，自分なりの見方をもてるようになる。

津守真『子どもの世界をどうみるか』NHKブックス　1987
　■子どもの世界は，たとえば「1歳後半で二語文を話す」といった標準的発達指標が示す心理学的知識だけでは理解できない。生きた子どもの生活には，いつのまにか移りゆき，思いもかけなかった遊びになっていく自然の生態がある。日常行為の意味に近づきながら，子ども（他者）をとらえようとする人間学的・現象学的教育学の知を身につけておこう。

西平直『教育人間学のために』東京大学出版会　2005
　■教育は人間存在の切なさには到底届かない。教育によってすべてが良くなるなどという幻想ももたない。でも，本当に教育は何の役にも立たないのだろうか。こう

した諦念から始まる「限界は見えている，にもかかわらず，関わる」という教育としてのギリギリの再挑戦を，狼に育てられた子，学歴，生命，時間などのテーマから論じている。思想研究へ接近できる本。

広田照幸『日本人のしつけは衰退したか』講談社現代新書　1999
　■「昔の家族はちゃんとしつけをしていた」という巷にあふれる家庭教育論に対し，実際にあった「昔」の子育てを史料に確認しながら，「しつけ衰退」物語のうさんくささを指摘する。「教育する家族」はどのように誕生し，あたりまえになってきたのか。家庭教育の責任が声高に叫ばれるときにこそ，冷静な判断力を失わないために読まれたい一冊。

広田照幸『ヒューマニティーズ　教育学』岩波書店　2009
　■教育（学）を批判するだけでなく，それが選ばれてきた経緯を振り返り，私たちが今直面している課題の根っこが明らかにされている。自分では気づきにくい「自分が立っている位置」を相対化する視点が得られるだろう。「他者の学習を組織しよう」とする近代教育思想のあり方を自覚したうえで，教育（学）の可能性を考えることができる。

広田照幸『格差・秩序不安と教育』世織書房　2009
　■現代の教育のさまざまな問題を，社会の変化と関連づけて論じている。グローバル化と教育，教育格差や不平等問題に関わる問題群，道徳教育や犯罪・非行に関わる問題群が扱われている。現代社会における教育問題を考えていくためのアイデアや視点を身につけるためにじっくり読んでみてほしい。

本田和子『子ども100年のエポック―「児童の世紀」から「子どもの権利条約へ」』フレーベル館　2000
　■20世紀は「児童の世紀」といわれて始まったが，実際の20世紀は子どもにとって，そして子どもに対する大人にとってどんな時代だったのか。欧米と日本において「子ども」はどのようにまなざされ，どう論じられてきたのかがわかる。脚注が丁寧なので入門書としても最適。自分の子どものとらえかたを考えさせられる本になるだろう。

■■■さくいん■■■

▶あ行

赤ちゃんポスト　23-26, 34, 35
預かり保育　33, 113, 146, 151
遊び　1-3, 10, 28, 46, 49, 50, 53, 57-60,
　　71-73, 103, 107, 109, 113, 115-118, 126,
　　　　　　　　　　　　　　　133-140
アリエス(Ariès, P.)　134
生きる力　89, 90, 113
育児　27, 101, 102, 104, 145, 146,
　　　　　　　　167-169, 171, 173, 174
育児器具　100
育児放棄　25, 167, 171
いじめ　82, 89
イタール(Itard, E.M.)　60
一斉保育（設定保育）　117
遺伝　7, 37-47, 53, 80
遺伝説　38, 39, 46
遺伝子（操作）（情報）　37, 42-46
インクルーシブ（包接）教育　18
エミール　5, 54
援助　18, 24, 34, 44, 46, 49, 54, 101, 107,
　　　　109, 114, 115, 137, 140, 146, 150
オウエン(Owen, R.)　104, 105
延長保育　33, 146
恩物　58-60, 144

▶か行

解体保育　118
カイヨワ(Caillois, R.)　115
カウンセリング　107, 114, 115, 149
カウンセリング・マインド　114, 149
核家族　31, 32, 118, 152, 167
格差　19, 41, 45, 46, 75

学習（の組織化）　2-6, 9, 14, 15, 17-19,
　　28, 51, 53, 57, 60, 71, 85, 103, 104, 133,
　　　　　　　　　　　　　139, 148, 161
学習活動　131
学習権　17
学習行動　68
学習時間　63
学習指導要領　82, 89, 110, 111
学習者　123
学習プロセス　157
学制　67, 69, 102, 103, 144
学力格差　40, 41
学力（低下）　43, 63, 68, 91
学力テスト　91
家族　24, 31, 32, 99, 100, 102, 105, 171
ガダマー(Gadamer, H.G.)　138
価値　4, 7, 27, 38, 109, 134, 135, 155,
　　　　　　　158-160, 162-165, 168
価値観　7, 21, 37, 41-44, 52
学校（教育）　11-13, 15, 18, 19, 21, 41,
　　45, 59, 61, 63, 65-71, 77, 78, 80-84, 88,
　　89, 91, 93-95, 102-104, 107, 109-111,
　　　　　　　　　　　　　117, 143, 144
学校教育法　20, 67, 77, 82, 112, 143-145
学校現場　89, 90, 110
学校週5日制　82
学校設備　46
学校選択制度　75, 82-85, 94
学校評価　91
学校問題　89
家庭環境　28, 41, 172
家庭（教育）　10, 13, 27-29, 31-34, 57,
　　59, 61, 79, 84, 92, 104, 109, 113, 123,

143-146, 151, 157, 169, 173
家庭訪問保育者　143
家庭養育　145, 146
カリキュラム（教育課程・保育課程）
　　90, 110-112, 118, 121, 123, 127, 131, 132,
　　　　　　　　　　　　　　　　　150, 151
環境　2, 4, 7, 25, 33, 37-47, 55, 58, 60,
　　92, 105, 109, 111-113, 116, 118, 119, 133,
　　145, 146, 149, 152, 158, 160, 164, 167,
　　　　　　　　　　　　　　　　173, 174
環境説　38, 39, 46
カント（Kant, I.）　3, 8, 51, 52, 61
規制緩和　88-90
規則訓練権力　5
基本的人権　11, 12, 16, 20
義務教育　17, 19, 20, 69, 77, 78
虐待　172, 173
教育委員会　82, 87, 89, 93, 95
教育改革　79, 87-91, 93-95, 144
教育環境　44, 46, 145
教育基本法　7, 12, 16, 19, 21, 77, 78, 91,
　　　　　　　　　　　　　　　　　　　94
教育再生会議　92, 93
教育制度　75-79, 81-85, 97, 144
教育勅語　20, 21
教育的意図　3-5
教育的援助　41
エンゼルプラン　33, 92
教育的配慮　2, 5
教育特区（制度）　82
教育の限界　9
教育万能論（主義）　7, 40
教育批判　4, 5
教育評価　121
教具　59, 60, 67
競争　70-72, 76, 80-83, 90, 91, 162

共同体　40
共同体論（者）（主義）　7
記録　128, 130, 131, 140
経験論　52, 53
経済（的）格差　75, 81, 84
経済的援助　46
権力性　4-6
高校全入運動　81
構造改革　91, 92
高等専門学校　79
高度経済成長　26, 31, 32, 76, 79, 81
ゴールトン（Galton, F.）　38
国際競争　70, 71
個人中心主義　8
個性　17, 18, 39, 42, 46, 85, 89, 111, 160
個性尊重　42, 46
子育て（支援）　19, 23, 24, 26, 27,
　　29-35, 97-102, 105, 106, 113, 146, 147,
　　　　　　　151, 167, 168, 170, 171, 173, 174
言葉遊び　108
子どもの家　59, 60
子どもの権利条約　12, 16, 78
個別保育　117
子守　101, 103, 104, 144
五領域　112, 113
混合保育　118

▶さ行
再生産（論）　83
在宅保育　33, 142, 143
里親制度　28, 29
3歳児神話　169, 170
自己学習　1, 5
自己教育（論）　1, 5, 60
自己評価　121, 127, 128, 131, 151
自己表現　139

市場原理　　90, 91
自然　　2, 5, 53, 55, 58, 61, 83, 112, 117, 138, 157
しつけ　　46, 51, 146, 171-175
実習　　108, 109, 156, 157
実習生　　107-109, 111, 120, 155, 157
指導計画　　108, 112, 121, 124-126, 132, 146
児童中心主義（子ども中心主義）　　7, 171
児童福祉法　　25, 28, 29, 109, 112, 118, 143, 145, 147, 152
師範学校　　67
四民平等施策　　98
社会化　　162
社会中心主義　　8
習慣　　53, 101, 168
自由競争　　70
集団（グループ）　　1, 4, 5, 43, 116-119, 132, 149, 151, 161-163
集団遊び　　2, 3, 9
集団（グループ）保育　　117, 142, 143, 146-148
自由保育　　117
受験競争　　88
障がい　　12-14, 18, 20, 60, 114, 119, 120
生涯学習　　89
障がい児保育　　146, 149, 151
消極的教育　　51, 54, 61
少子化　　32, 92, 118, 152, 169
新エンゼルプラン　　33, 92
人材　　70, 79, 90
新自由主義　　90-92
人的能力　　79
進路　　68, 77, 78, 81, 84, 85, 142
進路選択　　78, 81

性悪説　　6
生活習慣　　60
性善説　　6, 7
成長発達　　28
正統的周辺参加　　5
生得観念説　　52
性別役割分業　　31
生命尊重　　25, 26
生命倫理　　44
セガン（Seguin, E.）　　60
積極的教育　　51, 52, 55
選択　　27, 32, 34, 78, 82, 83, 94, 95, 123, 152
選抜　　76, 80, 82, 83
属性　　68, 98

▶た行
ダーウィン（Darwin, C.）　　38
他者　　2-6, 8-10, 123
たてわり保育（異年齢保育）　　118
タブラ・サラ（白紙）　　7, 38, 39, 52
単線型（はしご型）　　75, 77-79, 85
知的発達　　113, 116
中央教育審議会（中教審）　　89
中等教育（前期・後期）　　77, 78, 143
中等教育学校　　82
直観（的教授法）　　55-57
DINKS（ディンクス）　　32
デカルト（Descartes, R.）　　52
東京女子師範学校　　102
東京女子師範学校付属幼稚園　　59, 103, 143, 144
統合保育　　119
道徳　　6, 7, 52, 59, 90-92, 113
道徳性　　3
特別支援学級　　12, 13

特別支援学校　81, 143
特別支援教育　13, 14, 18
特区　82

▶な行
ニーチェ（Nietzsche, F. W.）　72
日本国憲法　12, 16, 17, 19, 21, 77, 88
乳児保育　104
認識能力　57
認定こども園　92, 148
年齢別保育　117, 118
能力　7, 14, 17, 18, 42-45, 56, 64, 68, 76, 78, 80, 110, 114, 115, 134, 158, 161
ノーカリキュラム論　127
ノーマライゼイション　119, 120

▶は行
発達　3, 6, 8, 11-19, 21, 28, 39, 40, 42-44, 49, 58, 59, 71, 111-114, 116, 118, 127, 128, 130, 133-135, 137, 146, 151, 157, 160
配慮　2, 5, 50, 54, 55, 60, 100, 106, 111, 113, 114, 116, 118, 134, 149, 150
発達権の保障　28
母親　13, 24-26, 31, 45, 56, 57, 97, 99-102, 104, 106, 167-171, 174
反省（的実践）　9, 21, 49, 56, 127, 128, 131, 157
ピアジェ（Piaget, J.）　14, 39, 116, 157, 158
非行　171-175
非正規雇用　29, 30
ひとり親家庭　32
評価　89, 91, 93, 110, 121, 123, 126-132, 135-137, 152, 157, 158, 163, 164
表現　42, 43, 58, 112, 130, 139, 157-161,
　　　　　　　　　　　　　　　　　　　168
平等　7, 43, 45, 46, 75, 76, 81, 84, 85, 94
貧困　26, 55, 57, 144, 168
フーコー（Foucault, M.）　5
福澤諭吉　69, 70
複線型（フォーク型）　75, 77-79, 81, 85
プラトン（Platon）　52
プレイ・セラピー（遊戯療法）　107, 114, 115
フレーベル（Fröbel, F.）　2, 57-60, 105, 134, 144
分離保育　119
ペスタロッチ（Pestalozzi, J. H.）　2, 55-57
ヘッドスタート　40, 41, 43, 45
偏差値　80, 82
偏差値教育　80, 83
保育　33, 34, 39, 49, 71, 92, 95, 97, 101-109, 111, 113-119, 121, 123-128, 131-134, 137, 139, 141-152, 155, 163
保育園　49, 108, 142
保育活動　33, 117, 118
保育カリキュラム　123, 127
保育カンファレンス　150, 152
保育記録　128, 130
保育器（型）　23
保育計画　123-126
保育経験　135
保育形態　116-120
保育サービス　92
保育士　34, 92, 125, 126, 141-143, 145-148, 150, 153
保育施設　29, 103-105, 142, 152
保育者　49-51, 61, 111, 115-119, 121, 127, 128, 130-144, 146-153, 155, 157, 159, 161-165

保育所保育指針　　107, 111, 113, 114,
　　　116, 120, 141, 145, 147, 150-152
保育所　　23, 32-35, 50, 92, 102-106, 108,
　　109, 111-113, 116, 117, 121, 123, 125,
　　126, 132, 140-148, 152, 155, 156, 162, 164
保育制度　　97, 100, 105, 106
保育内容　　112, 113, 145
保育文化　　133
保育方法　　112-114
ホイジンガ(Huizinga, J.)　　72
ポートフォリオ　　131
母性　　168, 169
ポルトマン(Portmann, A.)　　14

▶ま行
マイノリティ　　7, 40, 41, 43
学び　　49, 57, 63-72, 113, 140, 151
間引き　　99
身分制度　　54, 69, 70
民主主義　　7
無償　　17, 20, 77, 78
モンテッソーリ(Montessori, M.)
　　　　　　　　　　　　58-60

▶や行
優生学　　38
ゆとり　　63, 82, 89, 173
ゆとり教育　　82, 91
養育環境　　28
養子縁組　　28, 29
幼児保育　　104
幼稚園　　59, 92, 102-106, 109, 111-113,
　　116-118, 121, 123, 126, 129, 130, 132,
　　135, 136, 140-150, 153, 155, 159-162, 164
幼稚園教育要領　　71, 107, 109, 111-113,
　　116, 120, 133, 139, 141, 145-147, 150-152
幼稚園令　　103
幼保一元化　　105, 106, 145, 148

▶ら行，わ
ラカン(Lacan, J.M.E.)　　64
立身出世　　69, 70
良妻賢母　　102
臨時教育審議会（臨教審）　　88, 89
ルソー(Rousseau, J.J.)　　2, 5, 54, 55, 58
ロック(Locke, J.)　　38, 52-54, 59
ワトソン(Watson, J.)　　39
ワロン(Wallon, H.)　　115

[執筆者] （執筆順）

広田照幸（ひろた・てるゆき）	編著者	1章, 8章
小野方資（おの・まさよし）	福山市立大学教育学部 児童教育学科専任講師	2章, 7章
青木美智子（あおき・みちこ）	京都橘大学人間発達学部 児童教育学科	3章, 5章
桑原真木子（くわはら・まきこ）	東京大学大学院教育学研究科 満期退学	4章
塩崎美穂（しおざき・みほ）	編著者	6章, 9章
渡辺一弘（わたなべ・かずひろ）	別府大学短期大学部 保育科准教授	10章, 13章
大滝世津子（おおたき・せつこ）	鎌倉女子大学児童学部児童学科 専任講師	11章
横井紘子（よこい・ひろこ）	十文字学園女子大学人間生活学部 幼児教育学科専任講師	12章
結城　恵（ゆうき・めぐみ）	群馬大学教育学部教授	14章
武石典史（たけいし・のりふみ）	聖路加国際大学看護学部 准教授	15章

[編著者紹介]

広田照幸（ひろた・てるゆき）
　経歴：1959年，広島県の山奥に生まれ，岡山県の海辺で育つ。東京大学大学院教育学研究科博士課程を単位取得退学後，南山大学文学部講師・助教授，東京大学大学院教育学研究科助教授・教授を経て，2006年10月から日本大学文理学部教授。博士（教育学）。専門は，教育社会学，教育史，社会史。戦前期の子どもの社会史から現代のグローバル化と教育の問題まで，社会の変動の中で教育が果たす役割について，広く考察している。
　主な著書：『教育言説の歴史社会学』（名古屋大学出版会，2001），『思考のフロンティア　教育』（岩波書店，2004），『教育不信と教育依存の時代』（紀伊國屋書店，2005），『ヒューマニティーズ　教育学』（岩波書店，2009）など。

塩崎美穂（しおざき・みほ）
　経歴：1972年，静岡県の清水市(現清水区)に生まれ育つ。東京大学大学院教育学研究科博士課程を単位取得退学。お茶の水女子大学講師等を経て，日本福祉大学子ども発達学部子ども発達学科准教授。修士（教育学）。専門は，教育学，保育思想史，子育ての比較文化史。福祉と教育の結節点にある保育という営みについて，教育哲学，家族社会史，対話論などから考えている。
　主な著書：『はじめて学ぶ乳児保育』（共著，同文書院，2009），「保育事業の公営化と給食事業－幼保として二元的に制度化した思想的背景」『保育学研究第44巻第2号』（2006）など。

保育・教育　実践テキストシリーズ
教育原理　保育実践への教育学的アプローチ

2010年3月30日　初版第1刷発行
2016年9月13日　初版第4刷

〈検印省略〉

編著者　ⓒ　広　田　照　幸
　　　　　　塩　崎　美　穂
発行者　　　大　塚　栄　一
発行所　株式会社　樹村房
JUSONBO

〒112-0002　東京都文京区小石川5丁目11番7号
　　電　話　（03）3868-7321
　　ＦＡＸ　（03）6801-5202
　　振　替　00190-3-93169
　　http://www.jusonbo.co.jp/

印刷・亜細亜印刷／製本・常川製本
ISBN978-4-88367-151-9　乱丁・落丁本はお取り替えいたします。